가르침과 배움의 관점에서 새로 쓰는

도덕경

가르침과 배움의 관점에서 새로 쓰는

도덕경

2021년 12월 20일 처음 펴냄

지은이 김경윤
펴낸이 신명철
편집 윤정현
영업 박철환
관리 이춘보
디자인 최희윤
펴낸곳 (주)우리교육
등록 제 313-2001-52호
주소 03993 서울특별시 마포구 월드컵북로 6길 46
전화 02-3142-6770
팩스 02-6488-9615
홈페이지 www.urikyoyuk.modoo.at

ⓒ김경윤, 2021
ISBN 978-89-8040-787-3 03100

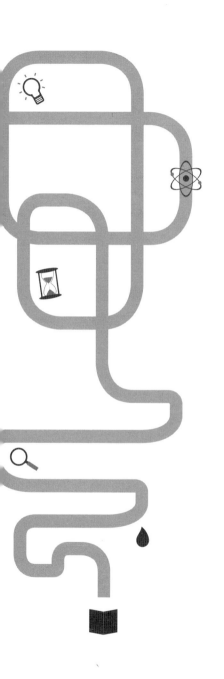

가르침과 배움의 관점에서 새로 쓰는

도덕경
道德經

김경윤 지음

우리교육

《도덕경》다시 쓰기를 시작하며
-노자에 대하여

1.

고대 철학자 중에 스승으로 모실만한 분이 많습니다. 서양에서는 소크라테스를, 동양에서는 공자孔子를 손꼽을 수 있습니다. 유가의 창시자 공자는 정치가로서는 실패하였으나, 교사로서는 유래 없는 성공을 거두었지요.

공자는 일찍이 학문의 중요성을 깨닫고志學 두루 배웠으며, 서른 살을 전후 하여而立 제자를 모아 수업을 했습니다. 중국 역사상 최초의 학당이라고 여겨집니다. 그의 가르침을 받은 자는 3000명이나 되었다고 하니, 그 위대함을 짐작할 만합니다. 사마천司馬遷은《사기史記》에서 공자를 제후와 같은 지위로 높이고 〈공자세가〉를 따로 집필했으며, 그 제자들의 사적도 〈중니열전〉에 정리했습니다.

공자와 노자老子의 관계는 자세히 알려져 있지 않으나, 사마천의 《사기》에 있는 〈공자세가〉, 〈중니제자열전〉, 〈노자한비열전〉 등에 그 흔적이 보입니다.

우선 〈공자세가〉에 따르면, 공자가 일찍이 주나라에 갔을 때 노자에게 예禮를 물은 것으로 알려져 있습니다. 노자가 이에 뭐라고 대답했는지는 알려져 있지 않으나, 공자가 주나라를 떠날 때 배웅하며 이렇게 말했다고 기록되어 있습니다.

"내가 듣건대 돈 많고 신분이 귀한 자는 사람을 배웅할 때 재물로 하고, 어진 자는 사람을 배웅할 때 말로써 한다고 하오. 나는 돈 많고 신분이 귀하지는 못하나 마음속으로 어진 사람이라고 부르고자 하니 다음과 같은 말로써 그대를 배웅하겠소. '귀 밝고 눈 밝아 깊이 관찰하는 사람은 죽음에 다가설 수 있으니 이는 다른 사람을 잘 거론하기 때문이요. 널리 익히고 변론을 잘하고 재능이 깊고 큰 사람은 그 사람을 위태롭게 하게 되는 자이니 이는 다른 사람의 잘못된 점을 잘 끄집어내기 때문입니다. 다른 사람의 자식이 된 자는 자신의 존재를 내세우지 말고, 다른 사람의 신하된 자는 자신을 드러내지 않아야 합니다.'"

후에 공자의 생애로 미루어 보건대, 공자는 노자의 충고를 귀담아 듣지 않았던 듯합니다. 그로 인해 고난을 숱하게 겪으며 삽니다. 그것 또한 공자의 운명이겠지요.

공자에게는 뚜렷한 스승이 없었으나, 존경하는 인물은 있었던 것으로 알려졌습니다. 〈중니제자열전〉에 따르면, "공자가 존경한 인물로는 주나라의 노자, 위나라의 거백옥蘧伯玉, 제나라의 안평중晏平仲, 초나라의 노래자老萊子, 정나라의 자산子産, 노나라의 맹공작孟公綽 등이 있었다"고 전합니다. 노자가 1순위로 거론되네요.

　한편 〈노자한비열전〉에서도 노자에 대하여 간략하게 소개한 다음에, 곧바로 공자와 노자의 대화가 소개됩니다. 공자가 노자에게 '예'를 묻자 노자가 이렇게 대답합니다.

　"당신이 말하는 성현들은 이미 뼈가 다 썩어 없어지고 오직 그 말만이 남아 있을 뿐이오. 또 군자는 때를 만나면 관리가 되지만, 때를 만나지 못하면 바람에 이리저리 날리는 다북쑥처럼 떠돌이 신세가 되오. 훌륭한 성인은 물건을 깊숙이 숨겨두어 아무것도 없는 것처럼 보이게 하고, 군자는 아름다운 덕을 지니고 있지만 모양새는 어리석은 것처럼 보인다고 나는 들었소. 그대는 교만과 지나친 욕망, 위선적인 표정과 끝없는 야심을 버리시오. 이러한 것들은 그대에게 아무런 도움이 되지 않소. 내가 그대에게 할 말은 다만 이것뿐이오."

〈노자한비열전〉에 나오는 노자의 충고가 〈공자세가〉에 나오는 노자의 충고보다 날이 서 있습니다. 〈공자세가〉의 충고는 공자가 주인공이라 공자에 대한 격식을 갖추고 있으나, 〈노자한비열전〉의 충고는 노자가 주인공이라 공자에 대해 부정적으로 평가하고 있는 것일까요?

아무튼, 〈노자한비열전〉에는 이렇듯 날카로운 충고를 듣고 난 공자의 노자 평評도 소개하는데, 다음과 같습니다.

"나는 새는 잘 난다는 것을 알고, 물고기는 헤엄을 잘 친다는 것을 알며, 짐승은 잘 달린다는 것을 안다. 달리는 짐승은 그물을 쳐서 잡을 수 있고, 헤엄치는 물고기는 낚시를 드리워 낚을 수 있고, 나는 새는 화살을 쏘아 잡을 수 있다. 그러나 용이 어떻게 바람과 구름을 타고 하늘로 올라가는지 나는 알 수 없다. 오늘 나는 노자를 만났는데 그는 마치 용 같은 존재였다."

공자에게 노자는 용龍과 같은 존재였습니다. 공자는 노자의 가르침을 따르지는 않았으나, 노자를 존경한 것임에는 틀림이 없습니다. 노자의 문하에는 없었으나 노자는 공자가 우러러보는 스승격인 셈이지요.

2.

　공자에 대한 정보는 《사기》뿐만 아니라 공자의 제자들이 엮은 《논어論語》 속에 차고도 넘칩니다. 하지만 노자에 대한 정보는―다른 노장철학자들과 마찬가지로―아주 귀하고 드물고 정확하지 않습니다. 일단 그의 생몰년은 물론, 부모의 이름조차 확인할 수 없습니다. 《사기》에 나오는 몇 쪽 안 되는 정보가 우리가 가진 정보의 전부입니다.

　이를 짜깁기해 보면, "노자는 초나라 고현 여향 곡인리 사람으로 성은 이씨李氏, 이름은 이耳, 자는 백양伯陽, 시호는 담聃이다. 그는 주나라의 장서를 관리하는 사관이었다."

　초나라 시골 출신인데 주나라 장서를 관리하는 사관을 지냈으니 나름 출세한 셈입니다.

　"노자는 도道와 덕德을 닦고 스스로 학문을 숨겨 헛된 이름을 없애는 데 힘썼다. 오랫동안 주나라에서 살다가 주나라가 쇠락해 가는 것을 보고는 그곳을 떠났다. 그가 함곡관函谷關에 이르자, 관령關令 윤희尹喜가 이렇게 말했다.

　'선생께서는 앞으로 은둔하려 하시니 저를 위해 억지로라도 글을 써 주십시오.'

　이 말을 듣고 노자는 《도덕경》 상, 하편을 지어 '도道'와

'덕德'의 의미를 5000여 자로 말하고 떠나갔다. 그 뒤로 그가 어떻게 여생을 살았는지는 아무도 모른다."

이렇게 해서 무명의 은둔자로 남을 수 있었으나 《도덕경》의 저자로 알려지게 되었습니다. 그는 관직에서 물러나 고향으로 돌아가지 않았습니다. 그의 고향은 남쪽이었으나, 그가 지나친 함곡관은 서쪽이었습니다. 한참 후에 불가에서는 '노자가 서쪽으로 간 까닭은?'과 같은 화두가 유행하기도 했지요. 노자는 한마디로 불가사의한 인물입니다.

3.

후세에 장자莊子가 썼다고 알려진 《장자莊子》에는 노자와 관련된 일화가 다수 등장합니다. 하지만 어디까지가 진실이고 어디까지가 허구인지 확인할 길은 없습니다. 어쩌면 노자라는 인물 자체가 허구였을지도 모릅니다. 노자의 연구자 대부분은 노자의 생애를 불확정의 영역으로 취급합니다. 단지 우리는 그가 썼다고 알려진 책―후세 연구자들에 따르면 집단 창작과 편집, 수정 과정을 거쳐서 묶인 책―《도덕경》이 있을 뿐입니다. 어떤 사람은 노자의 책을 제왕학으로 읽고, 또 어떤 사람은 병법서로 읽으며, 다른 이들은 우주의 원리와 삶의 신비, 양생술의 교과서로 읽기도 합니다.

물론 고대철학서로 가장 많이 연구된 책인 것은 분명합니다. 《도덕경》은 중국 고전 중에서 주석서가 많기로 유명합니다. 대략 1800여 종의 주석서가 쓰였고, 그중 현존하는 것이 350여 종이라고 하니, 그만큼 다양한 해석이 가능한 책이라고 말할 수 있겠네요. 외국어로도 일찍이 번역되어 알려졌는데, 헤겔이나 라이프니츠, 쇼펜하우어, 하이데거, 톨스토이 같은 철학자나 작가가 읽고 영향을 받았습니다. 영어로도 가장 많이 번역된 책으로 알려져 있는데 100종 이상의 번역서가 나와 있습니다.

고작 5000여 자로 이루어진 81편의 시혹자는 60편으로 묶을 수 있다고도 말하고, 혹자는 120편으로 늘릴 수도 있다 말하는 시편들에 이렇게 많은 관심을 두는 것은 역사 이래 보기 드문 일입니다. 그만큼 해석과 확장의 여지가 많은 책이면서 인간의 사고를 많이 계발하는 책임이 분명합니다.

4.

《도덕경》에 대한 연구는 다양하게 이루어지고 있습니다. 1973년 호남성 장사시 인근의 마왕퇴馬王堆 한대 고분에서 발견된 백서본, 1993년 호북성 형문시 곽점郭店 초나라 고분에서 출토된 죽간본이 나오면서 《도덕경》의 원래 모습에 대한 연구가 진척되었고, 2009년에는 해외 화교로부터 기증받아 북경대학이 소장하고 있는 전한대 죽간본도 원본의 형태를 고스란히 간직하고 있어 소중한 자료입니다. 또한 삼국 시대 위나라의 학자 왕필이 쓴 《노자주》나 그와 유사한 시대에 하상공이라는 사람에 의해 쓰인 《노자 하상공장구》 등은 노자를 연구하는 사람에게는 필독서에 가깝습니다. 이러한 다양한 판본에 대한 비교와 연구를 통해 우리는 보다 정확한 《도덕경》의 실체를 파악할 수 있으니, 고마울 따름입니다.

하지만 《도덕경》이 학자의 전용물이나 학문적 대상으로만 쓰일 것이 아닌 이상, 다양한 형태로 읽히고 해석, 변용되어야 한다고 생각합니다. 최근에 파멜라 메츠가 쓴 《농사의 도—농사짓는 이와 돌보는 이를 위한 노자 도덕경》이현주 옮김, 민들레, 2014을 읽었는데, 노자를 농사의 관점에서 재해석하여 표현한 것이 생소하면서도 신선했습니다. 흥미가 있어 좀 더 찾아보니 저자는 《도덕경》을 농사, 배움, 여성, 창의력의 관점에서 새롭게 해석하고 재창조했습니다. 그중에 이현주가 번역한 《배움의 도—가르치는 이와 배우는 이를 위한 노자 도덕경》민들레, 2003도 있습니다. 썩 재미난 작업이라고 생각합니다.

일단 도덕경 45장의 원문을 해석하면 다음과 같습니다.

완전히 이루어진 것은 모자란 듯합니다만大成若缺

그 쓰임에는 다함이 없습니다.其用不弊

완전히 가득 찬 것은 빈 듯합니다만大盈若沖

그 쓰임에는 끝이 없습니다.其用不窮

완전히 곧음은 비뚤어 보입니다.大直若屈

완전한 솜씨는 서툴게 보입니다.大巧若拙

완전한 웅변은 어눌해 보입니다.大辯若訥

바삐 움직이면 추위를 이기지만,躁勝寒

고요히 있으면 더위를 이깁니다.靜勝熱

맑고 고요함, 이것이 세상의 표준입니다.淸靜爲天下正

파멜라 메츠는 이 장에 '어리석게 됨Being Foolish'이라는 소제목을 붙이고 이렇게 다시 썼습니다.

참된 배움은 불완전할 수 있다.

그러면서도 완전하게 배움 그 자체다.

참된 완성은 비어 있는 듯 보인다.

그러면서도 완벽하게 끝마쳐져 있다.

참된 인생길은 구부러질 수 있다.

참된 지혜는 어리석어 보인다.

참된 기교는 아무 기교가 없는 듯 보인다.

슬기로운 교사는 사물을 있는 그대로 받아들인다.

그것이 자라는 대로 기른다.

한 옆으로 비켜서서 도가 스스로 말하게 한다.[*]

　원문의 정신을 어기지 않고도 교육적 차원으로 변용한 멋진 재창조입니다. 이렇듯 외국의 사상가들은 자신의 용도에 맞춰 경전을 마음껏 활용하고 있습니다. 농부에게는 《농부의 도덕경》을, 교사에게는 《교사의 도덕경》을, 여성에게는 《여성의 도덕경》을 소개합니다. 물론 견강부회가 있을 수 있지요. 하지만 어떻습니까? 고전은 원문 그대로 깊이 보관해야 할 유물이 아니라 현대에 맞게 다시 가공하고 사용해야 할 재료입니다.

---

[*] True learning can be imperfect, yet it is perfectly itself.
　True completeness seems empty, yet it is fully finished.
　The true path of life may be crooked.
　True wisdom seems foolish.
　True art seems artless.
　The wise teacher permits things to unfold.
　She nurtures things as they happen.
　She steps aside and allows the Tao to speak for itself.

5.

　노자의 《도덕경》은 참으로 유용한 인생독본이자 철학책이며, 병법서고, 정치서적이며, 양생지침이고, 생태 교과서입니다. 여성주의 관점에서 다시 읽어 본다면 훌륭한 페미니즘 책이 될 수도 있습니다. 물론 훌륭한 교육서이기도 합니다. 그래서 이번 기회에 교육의 관점에서 노자의 책을 다시 써 보는 것도 의미 있는 활동이 될 듯 싶습니다.

　노자 책이라는 망망대해에 물 한 방울 더 첨가한다고 노자가 훼손되리라 생각하지 않습니다. 다만 말 수를 줄여 5000여 자로 써놓은 그의 책을 따따부따 얘기함으로써 말 수를 늘리는 것이 조금은 송구스러울 따름입니다.

　책의 구성은 총 81편의 시를 9편씩 나눠 묶었습니다. 9×9=81. 9라는 숫자는 중국에서 가장 완벽한 수로 여긴다니 구성치고 나쁘지 않네요. 그러면 슬슬 본문으로 들어가 볼까요?

말없이 가르치고 배우십시오

1.
가르침은 끝이 없습니다

가르침에는 끝이 없습니다.
끝이 있다고 말하면 안 됩니다.
배움에도 끝이 없습니다.
끝이 있다고 말하면 안 됩니다.

끝이 없기에 모든 것의 시작이 될 수 있습니다.
시작이 있기에 가르치고 배울 수 있습니다.

그것이 가르침의 신비입니다.
그것이 배움의 현장입니다.

가르침과 배움은 결국 하나입니다.
우리는 모두 교사이자 학생입니다.
이름만 다를 뿐 둘 다 신비로운 것입니다.

《도덕경》1장의 시작은 이렇게 시작됩니다. "도가도 비상도 명가명 비상명道可道 非常道 名可名 非常名" 저는 이렇게 해석합니다. "우리가 따르는 길은 영원한 길이 아닙니다. 우리가 붙인 이름은 영원한 이름이 아닙니다." 이 12자의 해석으로 학자들의 길이 천 갈래 만 갈래 나누어집니다. 가도可道와 상도常道를 서양 개념으로는 현상現像과 실재實在, 인식과 사물 그 자체로 해석할 수도 있습니다. 물론 이밖에도 무수히 많은 논의가 가능합니다.

가르침과 배움의 영역으로 좁혀 보지요. 교육教育과 학습學習은 같을까요, 다를까요? 주체의 측면에서 보면 가르침教育의 주체는 선생입니다. 배움學習의 주체는 학생이지요. 과연 그럴까요? "가장 큰 배움은 가르침이다."라는 말이 있습니다. 교사는 가르치면서 배웁니다. 가르칠 때마다 무지의 영역을 깨닫습니다. 그리하여 학생이 됩니다. 다시 배움의 길로 들어갑니다. '교사=학생'이라는 신비한 공식이 성립됩니다. 윌리엄 워즈워스는 〈무지개〉에서 노래합니다. "아이는 어른의 아버지". 아이가 어른의 시원이었던 것처럼, 학생이 교사의 처음 모습입니다. '학생=교사'입니다. 이 가르침과 배움의 순환은 끝이 없습니다. 교학상장教學相長, 가르침과 배움으로 서로 성장합니다. 신비입니다.

2.
말없이 가르칩니다

우등생이라 말하면
열등생이 생깁니다.
모범생이라 말하면
문제아가 생깁니다.

있다고 말하면 없다가 생기고
쉽다고 말하면 어렵다가 생기고
길다 말하면 짧다가 생기고
높다 말하면 낮다가 생깁니다.
앞이라 말하면 뒤가 생깁니다.

말이 다 그렇습니다.
그래서 참된 스승은
말없이 가르칩니다.

말 없는 가르침은

어떤 일도 마다하지 않고

어떤 성과도 가지려 하지 않고

어떤 성취에도 기대지 않습니다.

가르쳤으나 가르쳤다 말하지 않습니다.

가르쳤다 말하지 않아야 가르침이 실현됩니다.

불언지교不言之教, '말 없는 가르침'은 침묵의 가르침이 아닙니다. '차이'로 '차별'하지 않는 가르침입니다. 교사는 우열 감별사가 아니고, 성적처리 기술자도 아닙니다. 또 특정한 과목을 가르치는 전문가도 아닙니다. 그렇게 생각하면 큰 오산입니다. 켄 로빈슨은 《학교혁명》루 애로니카 공저, 정미나 옮김, 21세기북스, 2021에서 "교사의 역할은 과목을 가르치는 것이 아니라 학생들을 가르치는 일이다."라고 말했습니다. 학생은 과목을 배우는 자가 아니라 삶을 배우는 자입니다. 그래서 학생들은 교사에게 과목을 배우기 전에 교사의 태도를 배웁니다. 교사의 삶을 배웁니다. 과목은 교사 삶의 아주 지엽적인 부분일 뿐입니다.

　과목은 가르칠 수 있으나, 태도를 가르칠 수 없습니다. 그것은 교사들의 삶을 통해 우러나오는 것입니다. 그래서 말 없는 가르침입니다. 말로 하는 가르침은 이내 사라집니다. 말이 다 그렇습니다. 말 없는 가르침은 사라지지 않습니다. 가르친 것은 없지만 가르침이 실현됩니다.

3.
억지로 가르치지 않습니다

성적을 칭찬하지 마십시오.
경쟁이 사라질 것입니다.
우열을 평가하지 마십시오.
미움이 사라질 것입니다.
상장을 만들지 마십시오,
혼란한 마음이 사라질 것입니다.

참된 스승은
경쟁 대신 협력을,
미움 대신 사랑을,
혼란 대신 우애를 키웁니다.
몸을 보살피고 공생을 북돋습니다.
쓸데없는 지식이나 과도한 욕망을 없애고
잘난 척하는 마음을 가라앉힙니다.

억지로 가르치지 않으니
모든 배움이 자연스럽게 이루어집니다.

노자는 이렇게 썼습니다.

"잘난 사람 떠받들지 않으면, 사람 사이에 다툼이 없어진다. 얻기 힘든 것 귀하게 여기지 않으면 도둑이 사라진다. 욕심나는 것 보이지 않으면 백성의 마음이 어지럽지 않다_{不尚賢,} _{使民不爭. 不貴難得之貨, 使民不爲盜. 不見可欲, 使民心不亂.}"

하지만 우리가 사는 세상은 인재를 중시하고, 명품을 숭상하며, 욕망을 부추깁니다. 스펙을 쌓고, 재산을 모으고, 소비하는 것으로 자신을 증명하는 사회입니다. 경쟁에서 이겨 나 하나 잘살면 그만이라고 생각합니다. 생각해 보면, 짐승만도 못한 태도입니다.

성적으로 편 가르고, 우열로 판단하고, 승자를 칭찬하는 것은 가르침과 배움의 본령이 아닙니다. 자유롭게 성장하고 평화롭게 공존하는 사회를 만드는 것, 민주주의를 실천하고 형제애를 북돋는 세계시민으로 성장하는 것이 교육과 학습의 본령입니다. 무릇 가르침과 배움의 현장은 그러해야 합니다. 하물며 그 대표적인 현장인 학교야 말할 것이 있겠습니까.

4.
비움을 가르칩니다

비움이야말로
가르침과 배움의 핵심입니다.
그릇이 바다처럼 깊고 넓어야
채워도 끝이 없고
써도 다함이 없습니다.

지나친 논리는 사람을 해치고
난해한 설명은 생각을 어지럽히고
눈부신 이론은 눈을 멀게 합니다.

보일 듯이 보이지 않는
현실 속으로 들어가려면
부드럽고 쉽고 따뜻한 태도가 필요합니다.

비워야 합니다.
그것이 배움과 가르침의 근원입니다.

유발 하라리는 그의 책 《사피엔스》조현욱 옮김, 김영사, 2015에서 이렇게 말합니다.

"과학혁명은 지식혁명이 아니었다. 무엇보다 무지의 혁명이었다. 과학혁명을 출범시킨 위대한 발견은 인류는 가장 중요한 질문에 대한 해답을 모른다는 발견이다."

지혜의 교사 소크라테스는 늘 자신의 무지를 절감했습니다. "나는 내가 아무것도 모른다는 것을 안다"고 무지를 역설했습니다. 가르침이 깊어질수록 무지도 깊어감을 깨닫게 됩니다. 배움도 그렇지 않겠습니까? 하물며 변화하는 현실을 따라가지 못하는 교육은 말할 필요도 없지요. 현실은 빛의 속도로 변해갑니다. 현실이 미래에 어떻게 변할지 아는 사람은 아무도 없습니다. 우리는 무지의 시대에 살고 있습니다.

우리가 가지고 있는 지도는 이미 낡았습니다. 우리의 논리는 좌충우돌하고, 우리의 설명은 오리무중이고, 우리의 이론은 무너졌습니다. '역사의 종언'을 말해야 할까요? 그도 아니면 우리의 무지를 발견해야 할까요. 우리는 '무지의 교사'입니다. 거기서 출발해야 합니다. 그것으로 족하다고 노자는 위로하고 있습니다. 새로운 지식의 건축술에 앞서 낡은 지식의 해체술이 필요합니다.

5.
편애하지 마십시오

하늘과 땅을 보십시오.
만물을 편애하지 않습니다.
참된 스승도 학생을 편애하지 않습니다.
모든 학생은 동등합니다.

가르침과 배움은
스승과 제자가 함께 연주하는
교향곡입니다.
모든 악기는 동등합니다.

한 악기만 연주하면 곡을 망치게 됩니다.
화음을 이루는 것보다 좋은 것은 없습니다.

천지불인天地不仁, 5장은 이렇게 시작됩니다. 직역하면, 하늘과 땅은 사랑하지 않는다. 나는 이렇게 새깁니다. 하늘과 땅은 자기중심적 사랑을 하지 않는다. '자기중심적 사랑'을 불가에서는 '아상我相'이라 합니다. 아상에 빠지면 세상은 자기중심적으로 돌아가야 행복합니다. 자기 마음에 드는 것만을 사랑하는 것입니다. 착한 학생만 좋아하게 되고 문제아(?)는 싫어하게 됩니다. 우등생만 사랑하고, 열등생은 미워하게 됩니다.

하지만 하늘의 관점에서는 호오好惡도 우열優劣도 없습니다. 모든 생명은 존귀하고 평등합니다. 그것을 노자는 '하나의 관점'이라 말했습니다. 그 '하나'를 견지할 때 모든 존재는 자신의 소리를 낼 수 있습니다.

모든 학생은 그 모습 그대로 온전한 삶을 살 수 있습니다. 각자의 소리를 낼 수 있을 때, 각자가 온전해질 때 우리는 우주의 거대한 화음에 동참하게 됩니다. 선생의 소리 또한 그 소리 중 하나에 불과합니다.

6.
가르침은 샘물과 같습니다

참된 가르침은
맑은 샘물과 같습니다.
넘치고 또 넘칩니다.
계곡의 생물들이 목을 축여도
다하거나 마르지 않습니다.
흐르고 또 흘러 바다로 갑니다.
가르침의 신비입니다.

파커 J. 파머는 《가르칠 수 있는 용기》이종인, 이은정 옮김, 한문화, 2018에서 권위와 권력을 구분하여 이렇게 말합니다.

"우리는 종종 권위와 권력을 동일시하지만 이 둘은 다르다. 권력은 외부에서 내부로 작용하지만, 권위는 내부에서 외부로 뻗어 나간다. 권위는 자신의 말, 행동, 삶 등의 주인이 되는 사람에게서 나오는 것이다. 교사가 법의 강제적인 힘이나 테크닉에 의존한다면 권위를 잃게 될 것이다. 내가 나의 정체성과 성실성을 회복하고 나의 자아의식과 소명 의식을 기억한다면 권위는 저절로 찾아온다."

비유컨대 교사의 권위는 샘물과 같은 것입니다. 그것은 외부에서 생겨나는 것이 아니라 내부에서 솟구치는 것입니다. 솟구쳐 흘러넘칠 때, 가르침은 시작됩니다. 그것은 멈추려야 멈출 수 없는 샘물처럼 성실합니다. 흘러넘치는 물을 누가 먹더라도 싫어하지 않고, 먹지 않더라도 원망하지 않습니다. 그렇게 흘러넘쳐 온 세상을 적시고 적셔도 마르지 않습니다. 감사의 말을 듣지 않아도, 서운해 하지 않습니다. 참 교사도 마찬가지입니다. 칭찬을 들으려 가르치는 것이 아닙니다. 그저 가르치고 가르칠 뿐입니다. 그렇게 낮아지고 낮아져 바다처럼 됩니다.

7.
가르침이 영원한 까닭은

하늘과 땅은 영원합니다.
왜 영원한 줄 아십니까?
자기 자신을 위해 살지 않기 때문입니다.
자신을 버리기에 영원한 것입니다.

참된 가르침은 영원합니다.
스승은 자신을 위해 가르치지 않기 때문입니다.
자신을 버리기에 자신을 지킬 수 있습니다.

자신을 버리는 것이야말로
진정으로 자신을 이루는 것입니다.

자존심과 자존감은 매우 다릅니다. 자존심은 누가 건드리기만 해도 뾰족해집니다. 자신이 무너지는 것을 견딜 수 없어 합니다. 자존심이 센 사람은 결코 자신을 버리지 않습니다. 결국 주변의 모든 것을 적으로 만듭니다.

자존감은 이와 정반대입니다. 누가 건드려도 아무렇지도 않아 합니다. 절대 무너지지 않습니다. 무너지지 않기에 얼마든지 자신을 버릴 수 있습니다. 버릴 수 있을 때, 온전해집니다.

하늘은 무너지지 않은 채로 자신을 버립니다. 땅은 꺼지지 않은 채로 자신을 버립니다. 태양을 보십시오. 그곳에 그대로 있는 채로 만물을 살립니다. 자신에게 나오는 모든 것을 줘도 그대로입니다. 참으로 자신을 버리는 행위는 자포자기自暴自棄가 아닙니다. 그것은 마치 사랑과 같습니다. 사랑을 준다고 사랑이 사라지는 것이 아닙니다. 사랑은 줌으로써 사랑을 온전히 이루는 것입니다. 가르침도 마찬가지입니다. 가르침을 줌으로써 가르침이 완성됩니다. '자신을 버리기'는 바로 그런 말입니다.

8.
물처럼 가르치십시오

물처럼 가르치십시오.
물은 온갖 것을 섬기고
다투지 않습니다.
모두가 싫어하는 낮은 곳으로
흘러갑니다.
물이야말로 참된 가르침의 모습입니다.

제자들이 있는
낮은 곳으로 찾아가십시오.
그들과 깊이 교감하십시오.
그들을 사람으로 대접하십시오.

믿음직한 말과
정의로운 행동,
적절한 지혜와
정직한 태도로
다툼 없이 평화를 이루십시오.

브라질의 교육혁명가 파울루 프레이리는 《페다고지》남경태 옮김, 그린비, 2018에서 이렇게 말합니다.

"인간 해방에 헌신하는 혁명주의자는 현실을 가둬 놓는 그러한 '확실성의 원'의 포로가 되지 않는다. 그 반대로 그들은 혁명성이 강할수록 현실 속으로 더 완전하게 들어가서 현실을 보다 정확하게 파악하고 변혁시킬 수 있게 된다. 이들은 드러난 세계를 두려움 없이 직면하고 보고 듣는다. 이들은 민중을 만나고 민중과 대화하는 것을 두려워하지 않는다. 이들은 역사와 전 민중의 소유자, 혹은 피억압자의 해방자라고 자처하지 않으며, 역사 안에서 민중의 편에 서서 싸우는 데 헌신한다."

말이 어렵나요? 그러면 '혁명주의자' 대신 교사를, '혁명성' 대신 교육을, '민중'이나 '피억압자' 대신 학생을 넣어 보세요.

참된 교사는 학생을 신뢰합니다. 참된 교사는 오만하지 않습니다. 참된 교사는 학생들을 자신이 있는 곳까지 끌어 올리는 것이 아니라, 학생이 있는 곳으로 자신을 끌어 내리는 사람입니다. 물이 아래로 흐르듯이 교사는 학생에게로 흘러 들어갑니다. 교사/학생이 아니라 교사—학생이 되어 그들과 하나가 됩니다. 교사는 영원히 학생 편입니다. 학생과 싸우는 것이 아니라 학생을 지지합니다. 그리하여 학생 스스로가 해방자가 될 수 있도록 그들과 함께합니다.

9.
가르침을 멈춰야 할 때

넘치도록 가르치는 것보다
적당한 때 멈추는 것이 좋습니다.
날카로운 논리는 쉬 무뎌지고
가득 찬 지식은 쉬 낡아 갑니다.
지나친 가르침은 오히려 해롭습니다.

잔에 술이 그득한데
술을 더 부은 들 무슨 소용이 있겠습니까.

《장자》의 〈경상초 편〉에 이런 말이 있습니다.

"사람들은 배운다고 하면 배울 수 없는 것까지 배우려 합니다. 실천한다고 하면 실천할 수 없는 것까지 실천하려 합니다. 판단한다고 하면 판단할 수 없는 것까지 판단하려 합니다. 내가 알 수 없는 것이 있다는 것에 머문다면 다 한 것입니다. 그러나 만일 이렇게 되지 않는다면 '하늘의 고름天鈞'이 무너지고 말 것입니다."

말할 수 있다고 다 말하면 분쟁이 일어납니다. 먹을 수 있다고 다 먹으면 배탈이 납니다. 가질 수 있다고 다 가지면 세상은 무너집니다. '적당히 좀 해라', '적당히 먹어라', '적당히 챙겨라'는 말은 욕이 아니라 지혜입니다. 가르침이라고 다르겠습니까? 아는 것도 가르치기 힘든데, 알지도 못하면서 가르치려 하면 자신을 해치는 일일 뿐만 아니라 남도 해치는 것이 됩니다. 이제 그만 하세요! 종이 울렸습니다.

가르침은 없습니다

10.
가르쳤으나 가르친 것은 없습니다

몸과 마음이 하나처럼 움직입니까?

모든 배움이 처음처럼 신기합니까?

마음이 거울처럼 깨끗합니까?

아이들을 가르치면서

아이들은 스스로 배운다고 생각합니까?

처음과 끝이 한결같습니까?

가르칠수록 모르겠다는 경지에 도달했습니까?

가르치고 가르치십시오.

가르쳤으나 평가하지는 마십시오.

잘 배웠다면 그것으로 된 것입니다.

배움의 주인은 아이들입니다.

이를 아는 것이 스승의 삶입니다.

학교의 주인은 누구입니까? 학생입니다.

미래의 주인은 누구입니까? 아이들입니다.

주객이 전도되면 안 됩니다. 교사는 가르치지만 배움의 주인공은 학생입니다. 부모는 양육하지만 삶의 주인공은 아이들입니다. 가르침은 두려운 것입니다. 성장은 신비입니다. 두렵고 두려운 마음으로 신비로운 삶을 체험하십시오.

교사는 누구입니까?

학생에게 배우는 사람입니다.

학생에게 배움으로써 성장하는 사람입니다.

낯선 학생들을 만나, 아무것도 모르는 것처럼, 다시 순수함으로 돌아가, 늘 새롭게 배우는 사람입니다. 늘 배우는 사람만이 진정한 교사입니다. 배움이 먼저입니다. 가르침은 배움의 결과입니다.

가르치는 일에 지치셨습니까?

처음 배웠던 자신으로 돌아가십시오.

교단에 서 있지만 학생의 자세로, 제자들에게 배우십시오. 잘 배우는 자신의 모습을 보여 주십시오. 그러면 학생들은 스스로 배울 것입니다. 그제야 가르친 것이 없이 가르쳤다는 것을 알게 될 것입니다.

11.
채우려 하지 마십시오

모든 가르침의 중심에는
모름이 있습니다.

가르침의 핵심은 채우는 것이 아니라
비움입니다.

비우고 비울 때
더 크게 채워집니다.

온갖 지식이 쓸모 있어 보이지만
지식이 비워질 때 지혜가 생겨납니다.

자크 랑시에르가 쓴 《무지한 스승》양창렬 옮김, 궁리, 2016에는 다음과 같은 구절이 있습니다. 본문에는 '설명자'로 되어 있지만 저는 '교사'로 바꾸어 봤습니다.

"교사가 가진 체계의 논리를 뒤집어야 한다. 이해하지 못하는 무능력을 바로잡기 위해 설명이 꼭 필요한 것은 아니다. 반대로 이 무능력이란 교사의 세계관이 지어내는 허구이다. 교사가 무능한 자를 필요로 하는 것이지 그 반대가 아니다. 즉 교사가 무능한 자를 무능한 자로 구성하는 것이다. 누군가에게 무언가를 설명한다는 것은 먼저 상대가 혼자 힘으로는 그것을 이해할 수 없음을 그에게 증명하는 것이다. 설명은 교육자의 행위이기에 앞서, 교육학이 만든 신화다. 그것은 유식한 정신과 무지한 정신, 성숙한 정신과 미숙한 정신, 유능한 자와 무능한 자, 똑똑한 자와 바보 같은 자로 분할되어 있는 세계의 우화인 것이다."

교사는 자신이 배운 것을 가르칩니다. 그런데 그 배움이 잘못된 전제 위에 세워진 것이라면? 교육학이 만든 신화라면? 학교가 그 허구의 신화를 강화하는 현장이라면? 두렵지 않습니까? 저는 두렵습니다.

현실을 보더라도 유능한 교사와 무능한 학생은 허구와 신화에 가깝습니다. 허구에 기초해서 가르치면 현실과 충돌합니다. 그것을 알지 못할 때 교사는 무지하고 무능해집니다.

교사의 시작은 알지 못함을 아는 것에 있습니다. 모름이 가르침의 중심입니다.

12.
시험으로 배운다고요?

많은 배움이 정신을 어지럽히고
많은 시험이 삶을 힘겹게 합니다.
시험에 시달리면 고통만 늘어납니다.

배움이 중요하다지만
정말 시험으로 배울 것이 있습니까?

배움은 앎의 확인이 아니라 태도입니다.
삶에서 무엇이 중요한지 생각해 보십시오.

당연한 것은 과연 당연한 것일까요? 학교에서 시험은 당연한 것일까요? 프랑스 철학자 미셸 푸코는 그의 저서 《감시와 처벌》오생근 옮김, 나남출판, 2020에서 '시험'을 이렇게 진술합니다.

"시험은 감시하는 위계질서의 기술과 규격화를 만드는 상벌 제도의 기술을 결합한 것이다. 시험은 규격화하는 시선이고, 자격을 부여하고 분류하고 처벌할 수 있는 감시다. 그것은 개개인을 분류할 수 있고 제재를 가할 수 있는 가시성의 대상으로 만들어 버린다. 그러므로 규율의 모든 장치 안에서 시험은 고도로 관례화되어 있다. 시험에는 권력의 의식ritual과 경험의 형식, 힘의 과시와 진실의 확립이 결합하여 있다. 규율과 훈련 과정의 중심에 있는 시험은 객체로 인식되는 사람들의 예속화를 나타내는 것이자, 예속된 사람들의 객체화를 나타내는 것이다. … 시험이란 권력이 자신의 위력 표시를 전달하거나 자신의 표시를 그 대상에게 부과하는 대신, 대상을 객체화의 구조 속에서 포착하게 만드는 기술이다."

한마디로 시험은 '감시와 처벌'을 위한 도구이자, 교사들의 '힘의 과시'이고, 학생들을 '예속화'하는 수단에 불과합니다. 우리나라의 시험은 학생을 성장하게 하는 도구가 아닙니다. 끊임없는 '차별'을 영구히 지속하려는 악마의 수단입니다. 학생에게 물어보십시오. 그런데도 자유와 평등을 가르쳐야 하는 학교에서 이 악마적 수단이 지속하는 것은 누구의 책임입니까?

13.
무엇보다 몸을 사랑해야 합니다

세상에는 기쁨만큼이나 슬픔이 넘쳐납니다.
기쁨이 귀하다면 슬픔도 귀합니다.

슬픔이 귀하다는 말은 무엇입니까?
슬픔을 당해도 살아가야 한다는 말입니다.
슬픔이 없는 삶은 없다는 말입니다.
슬픔도 힘이 된다는 말입니다.

몸이 있기에 기쁨도 슬픔도 있습니다.
몸이 없다면 기쁨도 슬픔도 없습니다.
이 몸이 전부입니다.
이 몸을 사랑하는 것이 배움의 전부입니다.

몸을 사랑한다면 기쁨을 사랑합니다.
몸을 사랑한다면 슬픔도 사랑합니다.
몸을 사랑하므로 세상을 사랑합니다.
세상을 사랑하는 자, 세상의 주인입니다.

교육의 목표는 학생이 삶의 주인공으로 성장하는 것입니다. 삶의 주인공은 무엇보다 자신을 사랑해야 합니다. 자신을 사랑하는 능력을 '자존감'이라 합니다. 자존감은 '자존심'하고는 다릅니다. 자존심은 남과의 비교에서 생겨납니다. 남보다 똑똑하다고 생각할 때, 남보다 잘산다고 느낄 때, 남보다 행복하다고 여길 때 자존심은 유지됩니다. 자존심이 유지되려면 항상 남보다 우위에 있어야 합니다. 그게 가능이나 할까요?

이와 달리 자존감은, 남과 비교해서 생기는 것이 아닙니다. 자기 자신을 사랑하는 능력에서 생기는 것입니다. 공부를 잘하든 못 하든, 부유하든 가난하든, 기쁘든 슬프든, 지위가 높든 낮든 자신에 대한 사랑을 유지할 수 있는 능력입니다. 그래서 자존감은 실패했을 때, 슬플 때, 가난할 때, 삶의 지위가 추락했을 때 선명히 확인됩니다. 교육은 자존심을 부추기는 행위가 아니라 자존감을 고양하는 과정에서 빛이 납니다.

교사가 학생들의 몸과 마음을 잘 보살펴야 하는 이유입니다. 그러려면 무엇보다 교사 먼저 자신의 몸과 마음을 잘 보살펴야 합니다. 희로애락의 노예가 되지 마시고, 삶의 주인공이 되십시오.

14.
보이지 않아도 있습니다

우리의 눈은 많은 것을 보지만, 보지 못하는 것도 많습니다.
우리의 귀는 많은 것을 듣지만, 듣지 못하는 것도 많습니다.
우리의 손은 많은 것을 잡지만, 잡지 못하는 것도 많습니다.
보이지 않는 것, 들리지 않는 것, 잡히지 않는 것
없지 않습니다. 반드시 있습니다.

없다고 생각하면 안 됩니다.
말로는 표현할 수 없지만
그래서 이름 붙일 수는 없지만
반드시 있습니다.
신비하지 않습니까?

이 신비를 따라가다 보면
근원에 도달할 수 있을까요?
마침내 큰 길이 보일까요?

새로운 길을 떠나려는 자는 집을 단장하지 않습니다. 미지의 세계로 나가는 자는 집에 머물지 않습니다. 성장은 머물지 않는 것입니다. 혁신은 새로움을 향해 나아가는 것입니다. 보이는 것을 버리고 보이지 않는 것으로 향합니다. 들리는 것에 안주하지 않고 들리지 않는 소리를 들으려 합니다. 손에 쥔 것을 놓고 빈손으로 가야 합니다. 기득권을 포기하고 새로운 의무를 찾아야 합니다. 그래서 두려운 것입니다.

《중용中庸》에 이런 말이 있습니다.

"보이지 않는 것만큼 장엄한 것은 없고, 희미한 것만큼 뚜렷한 것은 없다. 군자는 그 보이지 않는 것을 삼가고, 그 들리지 않는 것을 두려워한다."

아직은 뭐라 말할 수 없는 미지의 것, 아직은 오지 않았으나 간절히 오기를 희망하는 것, 그래서 우리의 마음속에 벌써 와 있는 것. 부재不在 속에 존재存在하는 것. 이 길을 가는 자를 남들은 공상가라고 말하지만, 여러 사람이 걸어가면 반드시 도래한다고 믿는 사람들이 함께 걸어가는 길. 세상에는 그 길을 가는 사람들이 있습니다. 없지 않습니다. 반드시 있습니다.

보이는 것, 들리는 것, 잡히는 것에 안주하지 않고 보이지 않고, 들리지 않고, 잡히지 않는 미지의 길, 초유의 길, 신비의 길을 걷는 사람이 혁신가입니다. 이 혁신이 가장 먼저 권장되어야 할 곳이 미래 세대를 가르치는 교육의 현장입니다.

15.
보이지 않는 길을 가는 사람

뻔히 보이는 길을 마다하고
보이지 않는 길을 가는 사람이 있습니다.

어떻게 그런 사람을 알 수 있을까요?
행여 가는 길 위험할까 봐 조심조심
행여 사람들 다칠까 봐 머뭇머뭇
행여 잘못 말할까 봐 우물쭈물
행여 큰 소리 날까 봐 살금살금
어둔 길 걷는 것처럼 한 발 한 발

모든 일을 처음처럼
모든 배움을 어린이처럼
모든 가르침을 학생처럼
그렇게 살아가는 사람

칠흑 같은 밤 속에서 여명을 맞는 사람

흙탕물 가라앉혀 맑히는 사람

멈춘 것 같지만 멈추지 않는 사람

멈추지 않기에 항상 시작하는 사람

항상 시작하기에 끝이 없는 사람

끝이 없기에 항상 새로운 사람

현대철학자 질 들뢰즈는 그의 저서 《천 개의 고원》펠릭스 가타리 공저, 김재인 옮김, 새물결, 2001에서 '배치', '탈주', '되기'라는 개념을 통해 이러한 길을 걸어가는 사람에 대해 철학적으로 탐구한 바 있습니다. 이 개념을 간략히 설명해 보면, 우선 '배치'는 우리가 세상과 맺고 있는 다양한 관계들입니다. 학교로 말하자면 교실-교사(교탁)—학생(책상)—교재(책) 등의 (기계적) 배치가 있겠네요. 그리고 그 배치들이 자연스럽게 작동되기 위해서 교칙이나 규율언표적 배치 등이 필요할 것입니다. 그게 잘 작동되면 문제를 발견할 수 없지만, 그 배치가 작동을 멈추거나 오작동이 되는 것이 다반사입니다. 그때 우리는 '탈주'를 시도합니다. 기존의 배치와는 다른 배치를 형성하기 위해 차이나는 말과 행동을 시도합니다. 새로움을 추구하는 것이지요. 혼동기죠. 다양한 시도가 실험됩니다. 들뢰즈는 이러한 차이나는 시도를 '되기'라 말했습니다. 교사의 학생 되기, 학생의 교사 되기, 거리의 교실 되기, 동영상의 교재 되기 등등 다양한 '되기'가 실험됩니다. 이 되기는 차이들을 가로지르는 실천입니다. 그 실천들은 기존의 배치를 바꾸고 새로운 배치를 창조하여, '차이나는 클래스'를 만들어낼 수 있습니다.

16.
밝은 배움

채운 것은 비워지고
시끄러운 것은 고요해집니다.
생겨난 것은 없어지고
없어진 것은 돌아옵니다.

가을의 낙엽을 보세요.
여름철 무성한 잎들이
생기를 잃고 땅으로 돌아갑니다.
땅으로 돌아가야 새잎으로 돋아납니다.

생명의 운명입니다.
운명을 알아야 영원합니다.
이것이 밝은 배움입니다.

배움이 밝으면 너그러워지고
너그러우면 공평해집니다.
공평하면 존귀해지고
존귀하면 하늘이 됩니다.
하늘의 길을 걷게 됩니다.
두려움 없이 영원해집니다.

이 '차이나는 클래스'는 한 번에 완성되지 않습니다. 니체의 표현으로 말해 보자면 '영원회귀'합니다. 모든 생명은 같은 물에 발을 담글 수가 없습니다. 생명을 유지하려면 '차이나는 반복'을 지속해야 합니다. '배치—탈주—되기'로 이루어진 새로운 배치는 다시 탈주를 시도합니다. 니체의 《차라투스트라는 이렇게 말했다》에 나오는 중력 난쟁이들은 이러한 탈주를 비웃으며 어차피 하늘로 던져진 돌들은 땅으로 떨어질 것이라고 저주를 퍼붓지만, 차라투스트라는 이렇게 말합니다. "그것이 생이던가, 그렇다면 다시 한번!"

니체는 이러한 태도를 '운명애運命愛'라고 말했습니다. 말 그대로, '아모르 파티Amor fati'입니다. 니체는 불우한 삶을 살았으나, 그의 철학은 유쾌합니다. 밝습니다. 노자의 지혜도 밝습니다. 밝을 명明! 한자를 보십시오. 해日와 달月이 공존합니다. 하늘은 밝습니까, 어둡습니까? 밝음만 본다면 반만 본 것입니다. 천지현황天地玄黃! 하늘은 어둡기도 합니다. 모든 존재가 그렇습니다. 채움과 비움, 있음과 없음, 성장과 소멸, 밝음과 어둠, 높음과 낮음, 모든 현상은 차별이 아니라 차이일 뿐입니다. 공존共存합니다. 이를 아는 것이 밝은 배움입니다. 변화를 두려워하지 마십시오. 용기를 내십시오, 운명을 사랑하십시오.

17.
훌륭한 스승

가장 훌륭한 스승은
아무것도 가르치지 않는 자
그다음은 잘 가르치는 자
그다음은 억지로 가르치는 자
그다음은 가르칠 수 없는 자

학생에 대한 믿음이 없다면
학생도 선생을 믿지 않습니다.

가장 훌륭한 스승은
학생들이 알아서 배우게 합니다.
학생들이 알아서 배우니 가르칠 것이 없습니다.
모든 배움은 학생들에게서 나옵니다.

스승과 제자, 교사와 학생, 가르침과 배움을 이분법적으로 구분하기를 좋아하지만, 실상은 그렇게 칼로 무 자르듯이 구분할 수 있는 것이 아닙니다. 수업 현장은 그렇게 선명한 이분법으로 나뉘지 않습니다. 열이 나게 가르쳐도 배운 게 없다고 하는가 하면, 가르친 것이 없는데도 뭔가 배웠다고도 합니다. 참으로 난처합니다.

그래서인지 일본의 철학 연구가인 우치다 타츠루는 《배움은 어리석을수록 좋다》박재현 옮김, 샘터사, 2015라는 책에서 수업을 이렇게 새롭게 정의합니다. "무엇을 배울지 모르는 상태에서, 무엇을 가르쳐 주는지 모르는 사람에게, 무엇인지 모르는 것을 배우는 것." 상황이 이 정도면 차라리 수업은 배우는 자의 '주체적 역량'을 확인하고, '배움의 갈망'을 북돋는 일이 아닐까 싶기도 합니다. 가르침 없이도 배움은 있을 수 있지만, 배움이 없으면 가르침은 무효이기 때문입니다.

우치다 타츠루는 심지어 《스승은 있다》박동섭 옮김, 민들레, 2012에서 이렇게 말하기도 합니다. "배움에는 송신하는 자와 수신하는 자, 두 명의 참가자가 필요합니다. 여기서 주인공은 어디까지나 '수신자'입니다. 제자가 선생님이 발신하는 메시지를 '가르침'이라 믿고 수신할 때 비로소 배움은 성립합니다. 극단적이긴 하지만 '배움'으로써 수신된다고 하면 그 메시지가 '하품'이든 '딸꾹질'이든 '거짓말'이든 상관없습니다."

학생들을 믿어야겠습니다. 그 믿음만 있다면, 교사가 하품 하더라도 배울 테니까 말입니다. 가르치지 않아도 학생들은 알아서 배웁니다. 모든 배움은 학생에게서 나옵니다.

18.
밝은 배움이 없으니

밝은 배움이 없으니
잘 가르치려 합니다.
잘 가르치지 못하니
억지로 가르치려 합니다.
억지로 가르칠 수 없으니
가르침을 포기합니다.

배움이 없다면 가르침은 없습니다.

사람은 태어나서 죽을 때까지 배우며 살아갑니다. 학생學生이란 말은 '배우는 인생'이란 말이고, 죽어서도 지방紙榜에 '학생'이라고 써 넣기도 합니다. 인생이 그러하다면 삶은 '태어나 배우고, 배우다 죽는' 과정에 불과합니다.

본질이 그러하다면 가르침이란 말 역시, 배우는 자가 배우려는 자와 함께 진행하는 상호작용, 혹은 공동행위의 다른 이름이겠지요. 먼저 배웠다고 잘 배운 것도 아니고, 나중에 배웠다고 못 배운 것도 아닙니다. 서로 다른 배움의 배치가 만들어 내는 긴장과 화해의 벡터가 크면 클수록 더 큰 배움이 서로에게 있을 뿐입니다.

그러니 교사가 되려는 자는 항상 배우는 자가 되어야 합니다. 서로 성장하는 배움 없이 일방적으로 흐르는 배움은 없습니다. '가르침'을 일방적 흐름이라고 생각하는 교사가 있다면, 아무리 잘 가르쳐도 소용없습니다. 잘 가르쳐도 소용이 없는데, 억지로 가르치니 먹히기나 하겠습니까. 가르침사실은 배움과 배움은 쌍방적입니다.

그래서 들뢰즈는 《차이와 반복》김상환 옮김, 민음사, 2004에서 이렇게 말합니다. "우리는 '나처럼 해 봐'라고 말하는 사람 곁에서는 아무것도 배울 수 없다. 오로지 '나와 함께 해 보자'라고 말하는 사람들만이 우리의 스승이 될 수 있다."

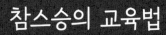

참스승의 교육법

19.
아는 척 금지

잘난 척 아는 척 그만 하세요.
학생들이 백 배는 잘 배울 것입니다.
착한 척 의로운 척 그만 하세요.
학생들의 선함이 회복될 것입니다.
성공하라고 돈 잘 벌라고 가르치지 마세요.
빼앗고 괴롭히는 학생이 사라질 것입니다.
살아가려면 지식, 윤리, 성공은 필요한 것이지만
그것만으로는 부족합니다.

부족함을 채우려면
색칠하기 전 도화지처럼
화장하기 전 민얼굴처럼
욕심이 생기기 전 마음처럼
순수하고, 맑고, 투명해야 합니다.

타불라 라사tabula rasa, 빈 서판. 고대 철학자 아리스토텔레스로부터 근대 철학자 존 로크에 이르기까지 인간은 태어날 때 비어 있는 상태로 태어난다고 말했습니다. 중세 페르시아 출신의 철학가인 이븐 시나는 "인간의 지성은 탄생부터 빈 서판을 닮아 있고, 교육과 개인이 알게 될 내용에 의해 작성될 잠재력을 지니고 있다"고 주장했습니다. 이 말은 진위를 떠나 시사하는 바가 큽니다.

그렇다면 한번 질문해 보겠습니다. 학생들은 빈 서판이고, 선생님은 필기구일까요? 그렇다면 그 필기구를 쥔 사람은 어떤 자세를 가져야 할까요?

노자는 오히려 스승 된 자에게 말합니다. 그대를 먼저 비워야 하지 않을까. 가르침 이전에 가르치는 자의 상태를 점검해야겠습니다. 두렵고 떨리는 마음으로 교단에 서야겠습니다.

20.
왜 나만

차라리 배우지 않았다면 근심이 없었을 것을.
아는 것과 모르는 것은 얼마나 차이가 있을까요?
선함과 악함은 얼마나 다른 것일까요?
다른 사람이 하려는 것 못 할까 봐 두려워해야 하나요?
얼마나 배우고 이루어야 하나요?

사람들은
월급이 올랐다고 즐거워하고,
여행을 떠났다고 기뻐하네요.
새집을 사고, 주식에 투자하고,
새로운 것들을 배우고, 지식을 뽐내네요.
여유로운 삶을 자랑하고, 목적 있는 삶을 추구하네요.

나 홀로

부족하고, 멍청하고, 지치고, 방황하고

어리석고, 흐리멍덩하고, 아리송하네요.

흔들리며 걸어가며, 쉬지 않고 묻네요.

다른 사람처럼 살지 못하고 왜 나만

촌스럽게 살아가는 걸까요?

왜 나만 어린이처럼 젖을 떼지 못하는 걸까요?

직업으로서의 교사와 참교육자로서의 스승은 쉽게 구분하기 어렵습니다. 하지만 아예 구분이 안 되는 것도 아닙니다.

노동자가 노동자의 이익만을 대변할 때, 오히려 노동자의 힘이 약화하듯이, 교사가 교사의 이권만을 주장할 때 스승의 길은 멀어집니다. 종교 지도자가 연식이 오래되었다고 참된 성직자가 된 것이 아니듯이, 교사가 교직에 오래 있었다고 참교육자로 성장하는 것은 아닙니다.

언제나 당당한 교사나 무엇에든 자신 만만한 교사보다는 방황하고, 갈등하고, 질문하는 교사가 더 믿음직스럽습니다. 자신의 처지에 대하여 늘 근본으로부터 시작하는 교사에게 자녀를 맡기고 싶습니다. 차라리 교사가 아니었다면 이런 고통은 없었을 텐데 괴로워하면서도 다시 그 힘든 길을 나서는 교사가 자랑스럽습니다.

21.
아득하구나, 배움

삶의 힘은 참된 배움에서 온다는데
참된 배움은 참으로 아득하네요.
뭔가 보일 듯하고,
뭔가 있을 듯하고
뭔가 채워지는 듯한데
황홀하고 그윽하고 참된 듯한데
배우면 배울수록 뭔지 모르겠고
잡으면 잡을수록 뭔가 부족하네요.
배움의 끝이 있을까요?
배움의 처음은 무엇이었을까요?
배움이란 무엇일까요?
오늘도 알 수 없는 배움의 길을 걸어갑니다.
뭔가를 물으며 살아갑니다.
시작도 끝도 없는 그 길을 계속 갑니다.

스티븐 미첼이 편저한 《부처가 부처를 묻다-숭산 큰스님의 100가지 가르침》권지연·김영재 옮김, 물병자리, 2011의 100번째 가르침을 소개하려고 합니다.

어느 저녁, 케임브리지 선원 법문에서 한 제자가 숭산 선사에게 물었다.

"사랑이 뭔가요?"

선사는 대답 대신 그 제자에게 되물었다.

"내가 묻겠다. 뭐가 사랑이냐?"

제자는 가만히 있었다.

"이게 사랑이다."

제자는 여전히 가만히 있었다.

"네가 나에게 묻고, 내가 너에게 묻는 이것이 바로 사랑이란다."

가르침과 배움의 길은 같은 길입니다. 물음의 길입니다. 일방적인 물음이 아니라 서로가 묻는 것이 가르침과 배움입니다. 그것이 사랑입니다. 아득한 길이지만 아름다운 길입니다. 무지의 길이 찬란합니다.

22.
반대를 생각하십시오

휜 것을 반대로 휘어야 온전해지고,
굽은 것을 반대로 굽혀야 곧아지는 것처럼
반대로 생각해 보세요.
파이면 채워지고
적으면 많아지고
많으면 걱정이 많아지죠.

가르침이 이와 같지 않을까요?
자신을 감추면 밝게 빛나고
자신을 뒤로하면 돋보이고
자랑하지 않으면 인정받고
뽐내지 않으면 드러납니다.
겨룸이 없으니 적이 사라지네요.

부족하면 온전해진다는 말이 있어요.
곧장 가려면 돌아가세요.

곡학아세曲學阿世, 바른 학문에서 벗어나 세상 사람들에게 아첨하는 것을 비판하는 유교적 레토릭입니다. 여기서 곡학曲學은 정도를 벗어난 학문입니다. 하지만 이번만큼은 다르게 해석해 보고 싶습니다.

직直이 직선이라면 곡曲은 곡선입니다. 문명의 길이 직선이라면, 자연의 길은 곡선입니다. 문명의 학문이 직학直學이라면, 자연의 학문은 곡학曲學입니다. 직이 단단함이라면, 곡은 부드러움입니다. 직이 강함이라면, 곡은 약함입니다. 직이 드러남이라면 곡은 감춰짐입니다. 직이 채움이라면 곡은 비움입니다. 직이 밝음이라면 곡은 어둠입니다.

직으로 인해 세상은 세워지고 채워졌지만, 곡을 잃고 말았습니다. 단단하고, 강하고, 드러나고, 채워지는 직만이 능사가 아닙니다. 자연이 파괴되고 본성이 해쳐졌습니다. 한쪽이 넘치자 한쪽이 부족해졌습니다. 삶은 넘치는 부분을 덜어 내어 부족한 부분을 채우는 것입니다. 교육이라고 다르겠습니까. 부드러움을 회복하기 위해서는 곡학이 필요합니다. 삶의 둘레길로 돌아가세요.

23.
침묵의 가르침

말로 가르치지 마세요.
회오리바람이 한때이듯
소낙비가 한낮이듯
말은 사라지고 맙니다.

하늘과 땅의 현상도 오래가지 않는데
사람의 말이 오래 가겠어요?

그러므로 참된 교사는 침묵과 하나가 되고
말을 잃고 삶을 얻네요.
침묵은 잃음이 아니라 얻음입니다.
말할 수 없음을 기뻐하세요.
침묵도 그대를 기뻐할 것입니다.

도널드 L. 핀켈이 쓴 《침묵으로 가르치기―학생 스스로 생각하고 배우는 핀켈 교수의 새로운 교육법》문희경 옮김, 다산초당, 2010에는 침묵의 중요성을 강조하는 내용이 전체 아홉 장 중 한 장을 차지합니다. 책은 교사가 침묵하자 벌어지는 일에 대하여 자세히 설명합니다. 교사가 침묵하자, 책이 말하고, 학생들이 말을 합니다. 침묵으로 가르치는 새로운 교육법이 있습니다.

침묵은 소극적인 자세가 아닙니다. 자녀를 진정으로 믿고 사랑하는 부모는 사사건건 자식 일에 개입하지 않습니다. 조용히 바라보며 자식을 응원합니다. 자녀를 노예가 아니라 주인으로 성장시킵니다. 부모의 속도에 자녀를 맞추는 것이 아니라 자녀의 속도를 존중합니다. 부모의 경험은 자녀의 경험이 아닙니다.

말로 하는 가르침은 삶을 변화시키기에 역부족입니다. 말로 제자를 잃을 수도 있고, 침묵으로 제자를 얻을 수도 있습니다. 말로 자신을 잃을 수도 있고, 침묵으로 자신을 얻을 수도 있습니다. 그러니 침묵을 배우십시오.

24.
묘수는 없습니다

발끝으로는 오래 설 수 없고
다리를 벌리면 걸을 수 없습니다.
뛰어난 스승은 빛나지 않고
착한 스승은 돋보이지 않아요.
자랑하지 마세요.
뽐내지 마세요.
오래가지 못합니다.

참된 교육의 입장에서 보면
자랑하고 뽐내는 것은 쓸데없는 짓이라
모두가 싫어합니다.
참된 스승은 성과에 집착하지 않아요.

명문고, 명문대 입학하는 아이들 숫자로 학교를 평가하는 천한 짓을 멈춰야 합니다. 훈장처럼 휘날리는 현수막을 거두어야 합니다. 우등생만 대접받는 학교는 사라져야 합니다. 참교육은 입시가 아닙니다. 참스승은 족집게 교사가 아닙니다. 바늘 끝에 천사는 서 있을 수 있겠지만, 학생들을 세워서는 안 됩니다.

상장과 훈장은 허황한 것입니다. 뱁새와 황새는 각기 제 발걸음이 있습니다. 어느 걸음도 기준이 될 수 없습니다. 황새 다리가 길다고 잘라서는 안 됩니다. 뱁새 다리가 짧다고 늘려서는 안 됩니다. 자랑하고 뽐내는 곳에 창피함과 비참함이 자랍니다. 창피함과 비참함을 학생들이 느끼게 해서는 안 됩니다. 성과 따위는 개나 줘 버리고 사랑을 회복하세요.

정상頂上은 단 한 사람만 차지합니다. 참교육은 정상을 추구하지 않습니다. 정상正常이 아니기 때문입니다. 평범한 사람이 행복해질 수 있는 세상이 학교여야 합니다. 각자의 모습이 자연스럽게 받아들여지는 것이 정상입니다. 정상頂上이 아니라 정상正常을 회복해야 합니다.

25.
살며 사랑하며 배우며

태초에는
가르침도 없고, 배움도 없고
스승도 없고, 제자도 없고
퇴보하거나 진보하지 않고
편들거나 소외시키지도 않고
각자의 모습으로 살아갈 뿐.
어머니처럼 낳고 기를 뿐이었습니다.

그것을 뭐라 불러야 할까요?
삶이라 불러 봅니다.
큰 사랑이라 불러 봅니다.
영원한 앎이라 불러 봅니다.
아무리 교육이 다양하게 펼쳐져도
결국 이것으로 돌아옵니다.

지식의 세계는 넓어지고

가르침은 깊어지고

배움도 많아지겠지요.

배움은 가르침에 의존하고

가르침은 지식에 의존하겠지만

결국 하나로 돌아옵니다.

삶입니다. 사랑입니다.

삶앎입니다. 사람입니다.

생명보다 소중한 것은 없습니다.

삶보다 귀한 것은 없습니다.

모든 생명의 본질은 살아가는 것입니다.

살아가려면 사랑이 필요합니다.

앎은 바로 사랑으로 살아가는 것을 체득하는 것입니다.

삶과 사랑은 하나입니다. 삶앎과 사람은 같은 말입니다.

삶과 앎이 하나 되도록 살아 내는 사람이 참스승입니다.

참사람입니다.

26.
낮게 중심을 지키십시오

뿌리 깊은 나무는 뽑히지 않습니다.
바람에 흔들려도 다시 고요해집니다.

참된 스승은 조급해하지 않습니다.
중심을 지킵니다.
화려한 수사를 버리고 담박하게 가르칩니다.
권위를 앞세우지 않고 진실을 선택합니다.
수많은 제자가 있는데
어찌 참교육을 포기하겠습니까

거짓을 선택하면 제자를 잃고,
제자를 잃으면 스승은 없습니다.

중심을 지키는 것을 중립을 지키는 것으로 착각해서는 안 됩니다. 일찍이 이오덕 선생님은 《민주교육으로 가는 길》고인돌, 2010에서 중립을 말하는 사람을 비판한 바 있습니다.

'싸움에서 그 어느 편도 들지 않고 양쪽을 나무라면서 달관한 듯한 자세를 보이는 사람들이 있다. 그러면 마치 고고한 학자처럼 보이는 줄 알겠지만, 실상은 그런 사람이 가장 이기적이고 야비하고 거짓말쟁이에 비겁한 사람이다. 그들은 자신이 높은 자리에 있고, 유식하고, 덕 있는 사람처럼 보이는 사실을 안다. 그런데 이런 사람이 많으면 그 사회는 혼란해지지 마련이다'라는 의미로 말이지요.

교사가 중심을 지킨다는 것은 학생을 지킨다는 말입니다. 참교육을 선택한다는 것입니다. 높은 곳에서 흔들리는 가지가 되는 것이 아니라, 낮은 곳에서 함께 배우는 사람이 된다는 말입니다.

27.
참스승의 교육법

정말로 잘 달리는 사람은 자국을 남기지 않습니다.
정말로 잘 말하는 사람은 흔적을 남기지 않습니다.
정말로 잘 계산하는 사람은 도구가 필요 없습니다.
정말로 잘 만들어진 작품은 이음새가 없습니다.
정말로 잘 맺어진 매듭은 느슨해도 풀리지 않습니다.

그러므로 참스승은 잘 가르치고
아무도 포기하지 않습니다.
제자들을 아끼고, 아무도 버리지 않습니다.
이를 참교육이라 합니다.
참스승은 차별하지 않습니다.

잘 배우는 제자에게 배우고
못 배우는 제자에게도 배웁니다.
모든 제자에게 배우고
모든 제자를 사랑합니다.
참스승의 교육법입니다.

중국의 위대한 스승 공자는 작은 성의만 보이면 누구나 제자로 받아들였습니다. 그의 제자는 3000명에 이르렀다고 합니다. 이스라엘의 예언자 예수는 무지렁이 같은 자들을 제자로 삼았습니다. 아테네의 소크라테스는 자신에게 묻는 사람 누구와도 대화했습니다. 인도의 싯다르타도 신분 고하를 막론하고 사문에 들어오는 것을 막지 않았습니다. 이 개방성이야말로 이들이 4대 성인이자 위대한 교사가 될 수 있었던 특징입니다.

한편 다양성은 제자들의 특징이었습니다. 제자 중 어느 사람도 다른 사람과 닮지 않았습니다. 모두 자신만의 빛깔로 스승의 뒤를 이었습니다. 스승은 하나의 기준으로 이들을 평가하지 않았습니다. 제자들도 하나의 삶으로 스승의 뒤를 따르지 않았습니다. 저마다 자신의 무늬를 빚으며 빛났습니다.

배움은 과목이 아니고, 성장은 성적이 아니며, 복종만이 배움의 자세는 아닙니다. 스승의 관점과 제자의 관점은 어긋나기 마련이고, 스승의 성장과 제자의 성장은 한 방향이 아닙니다. 참스승은 차이를 인정하고 차별하지 않습니다. 참스승은 누구에게나 배우는 자입니다. 그러기에 누구나 가르칠 수 있습니다. 교육의 신비입니다.

교육의 역설

28.
본래의 생명으로 돌아감

수많은 성이 있다는 걸 아십시오.

사랑이 모이게 됩니다.

사랑이 모이면,

미움은 사라지고

본래의 어린아이처럼 될 것입니다.

수많은 색이 있다는 걸 아십시오.

세상이 달리 보이게 됩니다.

세상이 달리 보이면

흑백논리는 사라지고

본래의 평화가 돌아올 것입니다.

수많은 삶이 있다는 걸 아십시오.
세상을 끌어안게 됩니다.
세상을 끌어안으면,
소외는 사라지고
본래의 생명으로 돌아갈 것입니다.

본래의 모습을 되찾는 것,
교육의 목표는 거기에 있습니다.

참스승은 함부로 가르지 않습니다.

하나의 진리에 집착하지 마십시오. 그런 것은 없습니다. 진리를 하나로 설정하면 그 밖의 것은 거짓이 됩니다. 이성애만이 유일한 사랑이라고 고집하지 마십시오. 각자에게 고유한 지문과 혈액이 있듯이, 각자 고유한 성이 있습니다. 고유한 성의 수많은 고유한 사랑이 있습니다.

흑백논리에 빠지지 마십시오. 색깔은 무지개로 찬란합니다. 세상을 둘로 나누고, 사상을 둘로 나누는 이분법은 지배자가 만들어 놓은 허구적 세계관입니다. 수많은 생각, 수많은 태도, 수많은 입장이 별처럼 펼쳐져 빛나는 것이 세상입니다.

아이들에게는 고유한 삶이 있습니다. 이를 마음대로 재단하고 한 방향으로 이끌지 마십시오. 참스승은 아이들의 고유성을 발견하고, 보존하고, 북돋습니다. 아이들은 이 세상에 둘도 없는 하나입니다. 당신이 그러하듯이.

세상을 당신의 시선으로 재단하지 마십시오. 세상을 있는 그대로 보십시오. 있는 그대로를 보고 인정하는 것, 본래의 모습을 되찾는 것 그것이 교육의 목표입니다. 그래서 참스승은 하나의 시선에 집착하지 않습니다. 함부로 가르치지 않습니다.

29.
삶을 관찰하십시오

세상을 제멋대로 바꾸고 싶으십니까?
불가능한 일입니다.

삶은 신성한 것입니다.
함부로 다뤄서는 안 됩니다.
함부로 다루는 사람이 있어 삶을 망치고
삶을 지배하려는 자가 있어 삶을 잃게 됩니다.

삶을 잘 보십시오.
앞서는 것이 있으면 뒤서는 것도 있고
빨리 달리는 자가 있으면 천천히 쉬는 자도 있고,
강한 것이 있으면, 약한 것도 있고,
오르는 것이 있으면, 내려가는 것도 있습니다.

참스승은 그 극단을 피합니다.

아이들의 고유성을 발견한 스승은 절대로 아이들을 함부로 다루지 않습니다. 아이들은 저마다 특성과 속도와 방향이 있습니다. 고유함이 신성함입니다. 신성함이 있다면 그것만이 신성함입니다. 인간성人間性 속에 신성神性을 발견하십시오.

스승은 눈금 없는 자를 가진 자, 어느 것으로도 척도를 만들려 하지 않는 자입니다. 아이들은 성장만 하지 않습니다. 성장만큼이나 좌절하고, 앞서가는 만큼이나 뒤처지며, 강한 것만큼이나 약합니다. 삶은 상승도 하강도 아닌 변화입니다. 어디 아이들만이겠습니까? 모든 인간이 그러합니다. 그러니 아이들을 삶의 동반자로 여기고, 그들과 함께 변화하십시오. 아이들이 웃으면 같이 웃고, 아이들이 울면 같이 우십시오.

오 스승이여,
끊어지지 않은 인연因緣으로
아이들과 묶여있는 프로메테우스여!
독수리가 되지 마십시오.
그대의 자리는 그곳이 아닙니다.

차라리 아이들의 심장에
꺼지지 않을 신성한 불씨 하나씩

심어 주십시오.

어둠 속에서도 길을 잃지 않게

추운 겨울에도 얼어 죽지 않게.

30.
참삶의 길

사랑으로 가르치는 스승은
힘으로 군림하지 않습니다.
힘을 쓰면 반드시 대가가 따라옵니다.
힘을 쓰는 교사가 있는 곳은
이내 황폐해지고 불신이 뒤따라옵니다.
참스승은 삶으로 보여 줄 뿐
감히 억지로 가르치려 하지 않습니다.

잘 살아도 자랑하지 않고
잘 살아도 교만하지 않고
잘 살아도 나서지 않습니다.
잘 사는 것이 어찌 혼자 이룬 것이겠습니까.
혼자 이룬 것이 아니니 자랑할 것도 없습니다.

무엇이든 지나치면 없어집니다.

사는 길이 아닙니다.

사는 길이 아니면 얼마 가지 않아 끝나게 됩니다.

한나 아렌트는 《폭력론》김선욱 옮김, 한길사, 2011에서 권력과 폭력이 다르다고 말합니다.

권력과 폭력은 반대의 것으로, 하나가 절대적으로 지배하는 곳에 다른 하나는 존재하지 않는다고 합니다. 또 폭력은 권력이 위험해질 때 나타나지만, 제멋대로 내버려 두면 권력을 소멸시킨다고도 했습니다.

우리는 권력과 폭력을 같은 것으로 여기지만, 아렌트의 말마따나 권력과 폭력은 반대의 것입니다. 권력은 함께 형성한 힘이지만, 폭력은 '함께'를 버리고 홀로 폭주할 때 생기는 현상입니다. 국민과 함께 형성된 힘은 민주주의를 만들지만, 국민을 버리고 홀로 힘을 과시하려 할 때는 폭력독재이 형성됩니다. 국민의 지지를 잃은 독재자는 머지않아 국민의 심판을 받고 소멸하고 맙니다. 대한민국의 역사가 이를 증명합니다.

이와 마찬가지로 스승의 권력은 홀로 형성되는 것이 아니라 아이들과 함께할 때만 유지되는 것입니다. 그러니 그 권력은 본래 누구의 것입니까? 아이들의 것입니다.

아이들이 선생에게 준 것입니다. 그러니 아이들의 것으로 아이들을 훼손시킬 수는 없습니다. 훼손되는 순간 더 이상 권력은 권력이 아닌 폭력이 되는 것입니다.

31.
처벌 금지

"꽃으로도 아이를 때리지 마십시오."
어떠한 처벌도 안 됩니다.
참스승은 처벌을 생각하지 않습니다.

처벌은 교사가 선택할 것이 못 됩니다.
처벌로 아이를 이끌어서는 안 됩니다.
처벌을 좋아하는 교사는
살인을 즐기는 것과 같습니다.
살인을 즐기는 사람에게
교육을 맡길 수는 없습니다.

교육은 장례식이 아닙니다.

삶과 죽음 두 가지만 존재한다고 생각하지 마십시오, 삶과 죽음 사이에 수많은 존재가 있습니다. 살아 있는 자, 살아도 죽어 있는 자, 죽었는지 살았는지 알 수 없는 자, 죽은 것 같지만 살아 있는 자, 죽었으나 지금도 살고 있는 자, 죽어 버린 자······.

참스승은 아이들의 상태를 잘 관찰하고, 그들을 더욱더 생생하게 살리는 자가 되어야 합니다. 죽음의 무기를 삶을 살리는 데 써서는 안 됩니다. 아이들의 몸도 마음도 죽음 가까이 가게 해서는 안 됩니다.

지도편달指導鞭撻이라는 말이 있습니다. 어린 시절 학부모님들이 선생님을 만나 자주 하는 말이었습니다. "채찍을 휘둘러서라도 잘 가르쳐달라"는 말입니다. 채찍 편鞭, 매질할 달撻입니다. 한때 매질은 학교에서 일상사였습니다. 매질을 아끼면 아이가 버릇이 없어진다며 가정에서 학교에서 학생들에게 매질을 했습니다. 폭력이 일상화되어 있었습니다. 매질을 당한 아이는 죽지는 않았더라도 폭력을 내면화했습니다. 폭력이 내면화되면 살아도 살아 있는 것이 아닙니다. 두려움과 공포 속에 살아야 합니다. 학생을 그런 상태로 만드는 것은 범죄입니다.

학교를 범죄 현장으로 만들면 안 됩니다. 단지 물리적 매질만 문제가 되는 것이 아닙니다. 심리적 매질인 언어폭력도 멈

취야 합니다. 내면에 더 깊은 상흔을 남기게 됩니다. 교사는 체벌이라는 방법을 멀리합니다. 학생들을 죽음의 방향으로 몰고 가지 않습니다.

32.
스스로 학습법

교육은 영원한 과제입니다.
그 끝을 알 수가 없습니다.
아이의 모습을 보면 보잘것없어 보이지만
그 자체로 사랑스럽습니다.
스승이 그 사랑스러움을 알게 되면
아이들은 가르치지 않아도 배우게 됩니다.

스스로 배우고
스스로 말하고
스스로 멈추고
스스로 성장합니다.

스스로 자기를 완성합니다.
마치 시냇물이 스스로
강이나 바다로 흘러가듯이.

어린이는 '어리석다'는 말에 어원을 두고 있습니다. 어리석음과 부족함이 존재의 바탕에 깔린 말입니다. 존재에 대한 부정적인 시선입니다. 근대교육의 디자인도 이러한 전제와 시선을 깔고 이루어졌습니다. 학생이 도달해야 할 표준을 정하고, 이 표준에 도달하는 능력에 따라 학생들을 판단하고, 그 표준에 도달하지 못하는 학생들을 '저능아'나 '부진아'라는 낙인을 찍으며 정상이 아닌 것으로 취급하는 경향이 있었습니다. 공장의 표준화 모델이 학교에 적용된 것입니다.

《학교혁명》의 저자 캔 로빈슨은 이러한 경향에 반대합니다. 오히려 이러한 표준화야말로 학생들의 창의성을 점점 하락시키는 결과를 초래했다고 고발합니다. 그래서 그는 하나의 측정 도구인 IQ가 아니라 다중지능인 MI를 이야기합니다. 인간은 완성되어야 할 기계가 아니라 다양한 능력을 갖춘 유기체입니다. 교육은 이러한 학생들의 재능과 잠재력을 발휘할 수 있도록 최적의 환경을 만드는 것이 있다고 말합니다.

학생은 부족한 존재가 아닙니다. 다양한 재능과 잠재력을 가지고 있는 고유한 존재입니다. 하나의 척도로 가늠할 수 없는 존재, 가늠해서는 안 되는 존재입니다. 그 자체로 사랑스러운 존재입니다. 이를 인정할 때, 교육의 전제가 바뀔 때 학교의 혁명이 일어날 수 있습니다.

33.
밝은 앎

남을 아는 것이 지혜
자기를 아는 것은 밝음.
남을 이기는 것이 무력
자기를 이기는 것은 강함.

만족을 아는 것이 부자 됨
실천을 아는 것이 살아감.
자기를 잃지 않기에
오래도록 삶은 이어집니다.

노자 《도덕경》을 읽다 보면 '현덕玄德'이라는 말이 눈에 띕니다. 삼국지에 나오는 유비의 다른 이름이기도 하지요. 10장에 나오는데, 관련 문장만 인용하겠습니다.

낳고 길러요 生之畜之

낳았지만 갖지 말고. 生而不有

했지만 기대지 말고, 爲而不恃

키웠지만 통제하지 말아요. 長而不宰

그것을 신비한 덕이라 하죠. 是謂玄德

저는 '신비한 덕'으로 번역했지만, 말대로라면 '어둠의 덕'입니다. 왜 어둠의 덕일까요? 보이지 않게 작동하기 때문입니다. 이 어둠과 반대되는 것처럼 보이는 말이 '밝음明'입니다. 그러면 노자는 어둠과 밝음을 동시에 예찬한 것일까요? 저는 어둠임을 아는 것을 밝음이라고 해석합니다.

존재의 근원은 어둠입니다. 알 수 없음의 영역이자, 무한 잠재성의 영역이지요. 모든 가능성을 함축하는 말이 존재입니다. 눈에 드러난, 보이는, 되어 버린 것들은 쉽게 파악할 수 있습니다만, 드러나지 않은, 감춰진, 아직은 되지 않은 것들은 쉽게 포착할 수 없습니다. 인식론은 드러난 것을 파악하는 것이 목적이지만, 존재론은 드러나지 않는 것을 감지하는 것입니다. 앎의 영역 바깥에 있는 존재를 긍정하는 것, 그것이 바로 노자가 말하는 '밝음'이라고 저는 해석합니다. 그런 의미에서 서구 계몽주의Enlightenment의 '빛'을 아는 것이 아니라, '어둠'을 아는 것이 '밝음'입니다. 그것은 서양의 지혜와는 다른 차원의 접근법입니다. 미묘하고, 신비하지요.

존재는 무한히 열려 있습니다. 당신도 그렇고, 저도 그렇습니다.

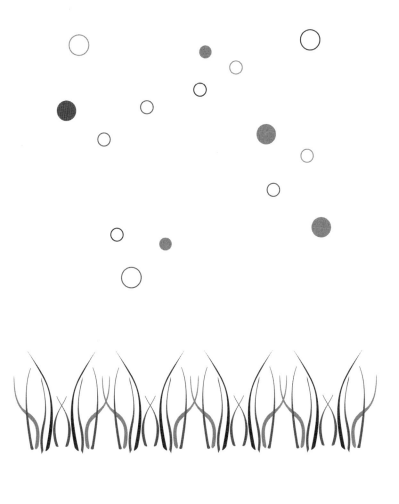

34.
넘치는 위대함

참스승은 항상 넘쳐흐릅니다.
넘쳐흐르기에 주는 것을 마다치 않고
모자라지 않기에 욕심내지 않습니다.
욕심이 없으니 지배하지 않습니다.

사람들은 욕심이 없어 '작다' 하지만
넘쳐흘러 모자라지 않으니 '큼' 아닙니까.

위대함이 무엇입니까?
지배하지 않는 것입니다.

에리히 프롬은 《사랑의 기술》황문수 옮김. 문예출판사, 2019에서 이기심과 자기애를 구분하면서 이기심은 사랑할 수 없다고 말합니다. 대신 자기애만이 사랑할 수 있지요. 자기애는 무엇보다 자기를, 자기의 삶을 사랑하는 것입니다. 삶을 사랑하는 사람은 사랑이 넘쳐흐릅니다. 그것은 마치 샘물과 같습니다. 넘쳐흐르는 것이기에 받는 것이 아니고 주는 것이며, 모자라지 않으며, 대가를 바라지 않습니다. 타인을 원망하거나 타인에게 집착하지도 않습니다. 아무것도 바라지 않고 사랑합니다. 지배하지 않습니다. 무엇보다 자기를 사랑하십시오.

35.
위대함을 유지하십시오

위대함을 유지하십시오.
그대에게 모여들 것입니다.
그대에게 받을 것입니다.
지배받지 않으니 편안하고 평화로울 것입니다.

현란한 교육은 잠시 사람을 모으지만
위대한 교육은 별맛이 없어 보입니다.

눈에 띄지는 않지만
칭찬을 받는 것도 아니지만
사라지지 않습니다.
다함이 없습니다.

노자의 위대함은 위대함의 이미지를 뒤집었다는 것입니다. 노자는 높은 산꼭대기가 아니라 가장 얕은 계곡을 생명의 중심으로 보았습니다. 킬리만자로의 표범은 산꼭대기에 올라 얼어 죽지만, 계곡은 모든 생명을 살리는 장소입니다. 산이 높아 계곡이 깊어지는 것이 아니라, 계곡이 깊어야 산이 높아지는 것입니다.

노자는 강함의 이미지가 아니라 약함의 이미지를 최선의 것으로 잡았습니다. '상선약수上善若水', 최고의 선은 물을 닮아 있습니다. 남들이 싫어하는 곳으로 흐르고, 모든 것을 먹이며, 경쟁하지 않습니다. 물은 흐르고 흘러 바다로 갑니다. '바다'가 바다인 것은 모든 것을 받아들이기 때문입니다.

바다는 가장 낮은 곳에 머뭅니다. 상승의 위대함이 아니라 하강의 위대함입니다. 가장 아래 있기에 모든 것을 모여들게 하고, 받아들입니다. 성공의 인문학이 아니라 하류 인문학입니다.

모든 색을 합치면 검은색이 됩니다. 맛 중의 맛은 무미無味입니다. 강한 맛은 오래가지 못합니다. 별식은 되지만 주식은 될 수 없습니다. 화려하고 찬란한 삶이 위대해 보이지만 진정으로 위대한 삶은 덤덤하게 평범하게 펼쳐집니다. 참교육도 그러합니다.

36.
교육의 역설

공을 멀리 던지려면 손을 힘껏 뒤로 제쳐야 합니다.
높이 뛰어오르려면 몸을 한껏 낮춰야 합니다.
많이 채우려면 한껏 비워야 합니다.

많이 먹는 자 오래 못 먹고
많이 가진 자 오래 못 갖고
많이 아는 자 오래 못 가르칩니다.

강한 바람에 꺾이지 않는 것이 약한 갈대입니다.
굳센 바위를 뚫는 것은 부드러운 물방울입니다.

뒤 서고, 낮추고, 비우고
부드럽게 가르치십시오.

노자의 언어는 역설의 언어입니다. 어디 노자뿐이겠습니다.

"섬김을 받으려면 먼저 섬기라."

"첫째가 꼴찌가 되고, 꼴찌가 첫째가 될 것이다."

"가장 낮은 자에게 해 준 것이 하느님에게 해 준 것이다."

이렇게 말한 예수도 역설의 대가였습니다. 과유불급過猶不及의 현자는 공자입니다. 지나치면 모자람만 못하다고 말합니다. 낭떠러지 앞에서 멈춰야 합니다. 멈추지 못하면 떨어집니다. 소크라테스는 가장 맛있는 음식은 허기가 졌을 때 먹는 음식이라 말했습니다. 산해진미에 물린 사람에게는 어떠한 음식도 별 소용이 없습니다. 공복空腹이 최상의 조건입니다.

많이 안다고 착각하는 사람에게 가르침을 줄 수는 없습니다. 그래서 소크라테스는 무엇보다 "무지의 깨달음"을 배움의 왕도라고 생각하며, 아테네 사람의 무지를 깨우쳐 주었습니다. "나는 내가 모른다는 것을 안다." 소크라테스의 역설입니다.

지知는 지止를 아는 것입니다. 멈춤은 정지나 후퇴가 아니라, 삶을 성찰하는 자리입니다. 전진을 위해서 가속이 필요한 것이 아니라, 멈춤이 필요한 때가 있습니다. 말을 타고 질주하던 인디언은 가끔 질주를 멈추고 뒤를 돌아본답니다. 자신의 영혼이 제대로 따라오는지 보기 위해서. 그대의 영혼은 지금 어디에 있습니까?

삶을 보살피는 교육

37.
억지로 하지 마십시오

공부는 억지로 되지 않습니다.
억지로 하지 않으면 됩니다.
부모나 선생이 이를 알게 되면
온갖 것이 저절로 달라집니다.
저절로 달라지는 걸 알면서도
억지로 하려 한다면
부모나 선생의 욕심 때문입니다.
욕심을 없애면 고요가 찾아오고
마음에 평화가 저절로 깃들 것입니다.

노자 철학은 억지抑止를, 인위人爲를, 강권强勸을 반대합니다. '억지'라는 말 자체가 하게 하는 것이 아니라, 하지 못하게 하는 것입니다. 이것도 하지 마라, 저것도 하지 마라, 이런 조건에서만 하라. 이게 억지입니다. 이 억지에는 항상 변명이 따라붙습니다. 다 너 잘되라고 그러는 것이다. 이렇게 해야 성공한다. 뒤처져서는 안 된다. 모두 억지 변명입니다. 학생들이 따를 리가 없습니다. 설령 따른다고 하더라도 거기에는 활력이 없습니다. 수동적인 순응만이 있을 뿐입니다.

대신 노자는 자연自然을 좋아합니다. 자연은 '스스로 그러하다'는 뜻입니다. 막으면 아무것도 할 수 없지만, 열면 모든 것이 가능해집니다. 자유自由와 자율自律은 자연의 자식입니다. 자치自治는 자연의 모습입니다. 자녀와 학생에 대한 불신을 거두고, 그들의 살아 있는 생명력을 믿으십시오. 아이들과 조화를 이루십시오. 고요와 평화는 조화에서 태어납니다.

38.
잘 가르치는 사람은

잘 가르치는 사람은 가르침을 의식하지 않습니다.
그러기에 잘 가르치는 사람입니다.
잘 못 가르치는 사람은 가르침을 의식합니다.
그러기에 잘 못 가르치는 사람입니다.

잘 가르치는 사람은 억지로 가르치지 않습니다.
억지로 가르칠 이유가 없습니다.
잘 못 가르치는 사람은 억지로 가르칩니다.
억지로 가르칠 이유가 많습니다.
사랑한다고 말해 놓고 억지로 가르칩니다.
잘되라고 말해 놓고 억지로 가르칩니다.
절차와 순서를 억지로 가르칩니다.
따르지 않으면, 혼내서라도 가르칩니다.

잘 가르치지 못하니 사랑을 핑계 대고

사랑도 소용없으니 잘되라고 가르친다며 핑계 대고

잘 되지 않으니 절차와 순서를 중시하고

절차와 순서를 따르지 않으니 억지가 나섭니다.

엉망이 되고, 진창이 됩니다. 가르침은 사라집니다.

어찌 어리석지 않다고 말하겠습니까.

뒤늦게 후회하지 마십시오.

처음부터 잘 가르치십시오.

꽃이 져야 열매를 맺습니다.

꽃에 취하지 말고, 열매를 생각하십시오.

편안한 신발은 신발을 신었다는 사실을 의식하지 못하게 합니다. 편안한 허리띠는 허리띠 찼다는 것을 잊게 합니다. 잘 가르치는 사람은 자신이 가르치고 있다는 사실을 의식하지 못합니다. 뭔가를 의식하면 편안하지 않은 것입니다. 불편하고 켕기는 것입니다.

그런 점에서 의식은 각성이 아니라 불편의 다른 말입니다. 자신의 것을 내려놓을 때 불편합니다. 자신의 말이 관철되지 않을 때 불편합니다. 자신이 손해를 볼 때 불편합니다. 자기 생각대로 되지 않을 때 불편합니다. 불편함을 내려놓지 않는 한, 억지가 등장합니다. 억지가 등장하면, 아름답게 포장해도, 일은 엉망진창이 됩니다.

가르침이 꽃이라면 배움은 열매입니다. 꽃이 져야 열매를 맺습니다.

39.
교육은 하나로 통합니다

생명을 소중하게 여기십시오.
살아 있는 학교는 활기차고
살아 있는 교사는 편안하고
살아 있는 학생들은 밝습니다.
교실마다 웃음이 가득 차고
배움은 저절로 일어나고
모두가 저절로 성장합니다.
이 모든 것이 생명의 덕입니다.

학교가 생명을 잃으면 시멘트 덩어리에 불과하고
교사가 생명을 잃으면 밥주머니에 불과하고
학생이 생명을 잃으면 미래를 잃게 됩니다.
웃음은 사라지고, 배움은 그치고, 성장은 멈춥니다.
생명이 사라졌기 때문입니다.

학생이 근본이고, 교사는 바탕입니다.
근본을 살리고, 교사는 섬기십시오.
스스로 보잘것없다고 생각하십시오.
가장 낮은 자리로 내려가십시오.

최고의 영예는 낮아지는 것입니다.
최상의 가르침은 침묵하는 것입니다.
최선의 화려함은 무늬가 없습니다.

가르침과 배움 이전에 삶이 있습니다. 아니 삶이야말로 가르침과 배움의 내용입니다. 삶을 포기한 가르침은 불가능합니다. 그런데 오늘날의 가르침은 학생에게 자신의 삶을 포기하게 만듭니다. 자신의 삶을 부정하고, 괴롭히고, 좌절하게 만듭니다. 가르침의 목표는 승리나 성공이 아니라 삶 그 자체입니다. 오늘날의 배움은 학생에게 자부심을 주지 못합니다. 배울수록 즐거운 것이 아니라 낙담하게 됩니다. 불안해집니다. 초조해집니다. 즐거움은 사라집니다.

앞뒤가 바뀌어도 한참 바뀌었습니다. 생명력이 넘쳐야 할 학교가 왜 이렇게 된 것일까요? 왜 교사들은 학교만 가면 한숨을 쉬고, 왜 학생들은 학교만 가면 좌절하게 되었을까요? 생명을 살리는 일부터 다시 시작해야 합니다. 그 외에는 아무것도 아닙니다. 생명을 잃으면 모든 것을 잃은 것입니다. 명예와 성공, 부유함과 자랑이 도대체 무슨 소용이란 말입니까, 생명을 잃어버리고서!

40.
물음으로 돌아가십시오

돌아가는 것이 배움의 움직임입니다.
묻는 것이 가르침의 쓰임새입니다.

세상의 모든 지식은 물음에서 생겨나고
물음에서 무지의 자각이 생겨납니다.

배움의 목적은 깨달음이 아니라 물음입니다. 묻는 능력을 갖추는 것이 배움입니다. 물음은 무지의 자각에서 옵니다. 여긴 어디? 나는 누구? 끊임없이 묻고 답하며 가는 것이 삶입니다. 물음만이 삶을 나아가게 합니다. 답을 찾은 사람은 더 이상 묻지 않습니다. 그 자리에 멈춰 섭니다. 자신만의 철옹성을 쌓습니다. 닫힙니다. 고립됩니다. 도태됩니다.

물음은 닫힘이 아니라 열림입니다. 궁금한 것이 없는 삶은 죽은 것입니다. 살아도 죽은 것입니다.

학생들은 어느덧 질문하지 않습니다. 궁금한 것이 없다고 말합니다. 왜 그렇게 되었을까요? 교사가 물음을 존중하지 않았기 때문입니다. 학생의 물음을 외면하고 무시했기 때문입니다. 물음을 만들어야 할 교사가 물음을 닫게 했습니다. 학생들이 더 이상 교사에게 묻지 않는다면, 교육이 어디에 발붙일 수 있겠습니까. 교사가 물음을 활성화하지 않는다면, 교사는 도대체 누구입니까? 물음으로 돌아갑시다.

41.
배움의 역설

뛰어난 사람은 배움을 힘써 실천하고
어중간한 사람은 배움을 망설이고
못난 사람은 배움을 비웃습니다.

배움은 비웃음거리가 되기에 십상입니다.
최고의 배움은 어리석어 보입니다.
밝은 길은 어두워 보이고
평탄한 길은 굽어 보이며
높은 삶은 낮아 보이고
순수한 삶은 더러워 보이며
착한 삶은 모자라 보이고
굳은 삶은 보잘것없어 보이고
참된 삶은 변질한 것처럼 보입니다.

큰 배움은 끝이 없고
큰 그릇은 더디 이루어지며
큰 소리는 소리가 나지 않고
큰 모양은 형체가 없어 보입니다.

어리석어 보이는 배움
잘 드러나지 않는 배움
뭐라 말할 수 없는 배움
그러한 배움만이 모든 것을 키우고 완성합니다.

위대한 배움이 따로 있습니까? 위대한 가르침이 따로 있습니까? 그럴 리 없습니다. 배고프면 밥 먹고, 졸리면 자고, 지치면 쉬고, 자신이 하고 싶은 것을 힘써 해 내는 것이 가르침과 배움의 내용입니다. 배고플 때 못 먹고, 졸리는데 못 자고, 지쳤는데 못 쉬고, 자신이 하고 싶은 일을 못 하는 것이 불행입니다. 그 불행에서 벗어나는 것이 가르침과 배움이어야 하는데, 오히려 교육 현장은 그 반대입니다. 교육 현장이 가장 불행한 곳이라고 교사도 학생도 외치고 있습니다. 더 이상 못 해 먹겠다고 푸념하거나, 더 이상 못 다니겠다고 자퇴를 합니다.

삶은 학교에서 끝나지 않습니다. 학교 역시 삶의 연장입니다. 똑똑한 아이를 키우는 것이 아니라 잘 사는 아이를 키우는 것입니다. 공부를 끝마치기 위해서 학교에 다니는 것이 아니라 공부를 제대로 시작하기 위해서 학교에 다니는 것입니다. 완성형 인간이 아니라 이루어가는 인간이 필요합니다. 남을 따라가는 교육이 아니라 자신의 속도에 맞춰서 성장하는 교육이 필요합니다. 어리석어 보이지만, 드러나지 않지만, 뭐라 말할 수 없지만, 그 길이 있습니다.

42.
오직 한 사람만

오직 한 사람을
가르치십시오.
둘이라고 생각하지 마십시오.
둘, 셋, 넷은 하나에서 시작합니다.

오직 한 사람을
가슴에 안고 등에 업으십시오.
그 한 사람과 조화를 이루십시오.

그 한 사람
자신을 낮춰 모든 이를 높이는 사람
자신을 잃어 모든 이를 되찾는 사람
잃음으로써 얻는 사람

누구나 가르칠 수 있다고 말하지 마십시오.

그렇다면 아무도 가르칠 수 없습니다.

오직 한 사람만 가르침을 으뜸으로 삼으십시오.

가르치는 기계가 되지 마십시오. 사람이 되십시오. 학교는 제품을 만드는 공장이 아닙니다. 학생을 틀에 맞춰 평가하고, 표준화하여 찍어 내고, 불량품을 빼내는 것은 학교가 할 일이 아닙니다. 표준화 교육의 대량생산 시스템은 이제 종말을 고했습니다. 그렇게 찍어낸 아이들이 과연 행복하겠습니까?

오직 한 사람을 가르치십시오. 모든 아이를 오직 한 사람이라고 생각하십시오. Only one! 학생들은 모두 고유합니다. 그 고유함을 살려 주십시오. 이기적인 아이로 키우라는 말이 아닙니다. 자신밖에 모르는 아이로 키우라는 말이 아닙니다. 자신이 어떤 아이이든, 자신을 존중하고, 자신의 색깔로 세상을 채우는 아이로 키우라는 말입니다. 모든 사람을 사랑한다는 사람은 아무도 사랑하지 않는 사람입니다. 모든 사람을 사랑하려면 단 한 사람을 온전히 사랑하는 것에서 시작하십시오.

43.
부드러운 가르침

부드러운 가르침은
단단한 마음을 뚫습니다.
억지로 가르치지 않는다면
들어가지 못할 마음이 없습니다.

부드러운 가르침의 유익을 아십시오.
말 없는 가르침의 웅변을 익히십시오.
억지 없는 가르침의 힘을 느끼십시오.
귀하고 드문,
한없이 낮아 더없이 높은!

부드러운 것이 강함을 이깁니다. 흐르는 물을 막을 수 있는 것은 없습니다. 유연한 몸은 부서지지 않습니다. 단단한 나무는 강풍에 부서지지만 부드러운 풀잎은 흔들릴 뿐 뿌리 뽑히지 않습니다. 물이 되십시오. 풀이 되십시오. 바람이 되십시오.

강변으로 상대방을 제압하는 것이 아니라, 부드러운 미소로 상대방의 마음을 녹이십시오. 단단한 철퇴로 벽을 부수는 것이 아니라, 부드러운 바람으로 벽의 틈에 스며드십시오. 모자란 부분을 채우고, 아래로 아래로 돌아 돌아 흘러가는, 모든 것을 품에 안고 바다에 이르는 물이 되십시오.

44.
생명을 지키십시오

이름남과 생명, 무엇이 귀합니까?
부유함과 생명, 무엇이 중합니까?
죽음과 생명, 무엇을 지켜야 합니까?

교육의 우선순위가 있습니다.
소중한 것을 지키십시오.
지나치면 잃게 되고
쌓아 두면 무너지고
넘치면 위태롭습니다.
멈추어야 영원합니다.

신약성서 〈누가복음〉 12장에는 어리석은 부자의 비유가 나옵니다.

"어떤 부유한 사람이 땅에서 많은 소출을 거두었다. 그래서 그는 속으로 곳간들을 헐어 내고 더 큰 것들을 지어, 거기에다 수확한 모든 곡식과 재물을 모아 두어야겠다고 생각하였다. 그리고 많은 재산을 쌓아 두고, 쉬면서 먹고 마시며 즐기려고 했다. 그러나 하느님께서 그에게 말씀하셨다. '어리석은 자야, 오늘 밤에 네 목숨을 되찾아갈 것이다. 그러면 네가 마련해 둔 것은 누구 차지가 되겠느냐?'"

아이들의 생명을 소중히 여기십시오. 헛된 것을 좇지 않도록 온 정성을 다하십시오.

렘브란트, 〈어리석은 부자의 비유〉, 1627년, 독일 베를린 회화미술관.

45.
모자란 듯 가르치십시오

좋은 가르침은 모자란 듯합니다.
그러나 다함이 없습니다.
훌륭한 가르침은 빈 듯합니다.
그러나 넘쳐납니다.

참된 가르침은 그렇습니다.
굽어 보이지만 곧고
서툴게 보이지만 완전하고
어눌해 보이지만 다 말한 것입니다.

조급해하지 마세요.
소리치지 마세요.
천천히, 고요히
자신의 길을 가세요.

레프 톨스토이가 러시아 민담을 재구성하여 쓴 단편소설 〈바보 이반〉에는 세 아들의 이야기가 나옵니다. 맏이며 군인인 세묜, 둘째이며 장사꾼인 타라스, 셋째이며 농부인 이반이 그들입니다. 두 형에게 아버지의 재산을 모두 나눠 주고 오로지 자신의 몸으로 농사를 짓는 이반은 바보 취급을 당합니다. 그러나 모자람이 이반의 조건이자 무기입니다.

작은 악마들이 나타나 이반을 군사로 유혹하고, 황금으로 유혹하지만 이반은 강해지거나 부유해지는 것에 관심이 없습니다. 더 많은 군사와 더 많은 재산이 행복을 가져오지 않는 것을 두 형의 모습을 통해 보여 줍니다. 이반은 오로지 자신의 노동으로 이룩한 삶에 만족합니다. 이러한 이반을 유혹할 수 있는 악마는 없습니다. 모든 악마는 이반 앞에 굴복합니다. 이반은 자신뿐만 아니라 실패하고 돌아온 형제들도 친절하게 거둡니다. 톨스토이는 이반의 삶을 통해 지식도 권력도 부로도 바꿀 수 없는 것이 무엇인지 말하는 듯합니다. 모자란 듯 살아라. 우직하게 일하라. 삶을 보살펴라.

교육이라고 다르겠습니까? 자신을 비우고, 물음을 생산하고, 학생들을 섬기고, 삶을 보살피는 교사는 어리석어 보입니다. 바보처럼 보입니다. 인류의 위대한 스승들은 다 그러했습니다. 그러니 바보 교사가 되십시오. 모자란 듯, 서툰 듯, 어눌한 듯, 삶을 보살피는 교사의 길을 가십시오.

참스승이 있어야
참교육이 있습니다

46.
가르침과 배움의 관계

가르침과 배움이 조화롭게 되면
그곳이 어디든 비옥해집니다.
가르침과 배움이 서로 맞서면
그곳이 어디든 황폐해집니다.

더 많이 배운들 만족하지 않고
더 많이 가진들 욕심만 커집니다.
존재 그 자체로 만족할 수 있다면
관계는 더욱더 풍요로워집니다.

가르침과 배움은 주종관계나 상하 관계가 아닙니다. 주인과 노예, 상전과 하인 사이에는 오직 복종만이 있을 뿐입니다. 명령과 억압이 거세지면 복종은 저항이 됩니다. 관계가 깨지고 갈등이 증폭됩니다. 평화는 사라지고 황폐함만 남습니다.

아무리 좋은 이론으로도, 아무리 훌륭한 명분으로도 이러한 관계에서는 가르침과 배움이 성립하지 않습니다. 가르침과 배움은 평등 관계입니다. 상호 섬김의 관계입니다. 평등한 관계여야 사랑도 우정도 싹이 틉니다. 일방적인 관계이거나 거래 관계라면 사랑과 우정은 싹이 말라 버립니다. 종국에는 뿌리마저 뽑힙니다. 뿌리 뽑힌 삶이 비옥할 리 없습니다. 풍요로울 리 없습니다.

조화調和는 서로 어울리는 것입니다. 조調는 균형을 잡는 것이고, 화和는 서로 나누는 것입니다. 그렇게 가르침과 배움은 쌍방이고, 사랑이고, 우정이고, 선물이고, 평화입니다. 누구 하나 모자라지 않습니다. 누구 하나 넘치지 않습니다. 존재 그 자체로 완전합니다. 완전한 둘의 만남이 가르침과 배움입니다.

47.
배움은 때와 장소가 없습니다

배움은 어디서나 가능합니다.
비싼 돈 들여 유학 가지 않아도
좋은 장비를 마련하지 않아도
좋은 곳 찾아 여기저기 기웃대지 않아도
어디서든 배울 수 있습니다.

배움은 어느 때나 가능합니다.
교실에서든 거리에서든
젊어서든 늙어서든
눈 밝히고 마음 맑힌 사람이라면
무엇에서든 배울 수 있습니다.

진정한 배움은 시도 때도 없습니다. 장소 불문, 나이 불문, 무조건입니다. 아, 아니군요. 배우려는 사람이 있어야 합니다. 배우려는 사람만 있으면 배움은 시작됩니다. 그 사람, 배움을 찾아 등불을 든 그 사람, 배우려는 마음을 낸 사람, 그 마음 등불 같아 어둡던 세상이 환해집니다. 그 등불로 환해진 세상은 온갖 배움터입니다. 온천지가 교실입니다. 그가 길을 걸으면 길이 학교가 됩니다. 그가 집에 있으면 집 전체가 교실이 됩니다.

그런데 배우려는 마음의 등불이 꺼져 버리면, 아무리 좋은 학교도, 아무리 좋은 교재도, 아무리 훌륭한 스승도 별 소용이 없습니다. 그러므로 배움의 본질은 그 마음을 밝히는 것입니다. 《대학》에서는 이를 '명명덕明明德'이라 하였습니다. 맑은 마음, 밝은 마음을 밝히지 않으면 세상은 어둠입니다. 배움은 불가능합니다.

그러니 세상이 어둡다고 탓하지 마십시오. 마음속에 있는 배움의 등불을 밝히십시오. 그대가 가는 곳마다 학교로 만드십시오. 큰 배움이 이루어지는 장소로 만드십시오.

48.
비움을 배우십시오

많이 배워야 좋다고 생각하지만
많이 비워야 배울 수 있습니다.
비우고 비워
텅 빈 경지에 도달하십시오.
텅 빈 경지에 도달하면
배우지 못할 것이 없습니다.

억지로 배우지 않아도
배움이 찾아옵니다.
억지로 배우려 한다면
배움은 떠나갑니다.

배움은 비움에서 오고, 비워야 배울 수 있습니다. 비움과 배움은 동의어입니다. 그러므로 배움을 소유라고 생각하는 사람은 결코 배울 수 없습니다. 삿된 마음으로 채워진 곳은 비집고 들어갈 공간이 없습니다. 잔이 비워져야 채울 수 있는 것처럼, 배움의 마음은 텅 비어야 합니다. 낡은 세간으로 가득 채워진 방에 새로운 것을 채우려면 그 방을 우선 비워야 하는 것처럼, 배우려는 사람은 그 마음을 비워야 합니다. 가득 채워진 위장을 비우지 않으면 새로운 음식을 채울 수 없습니다. 매번 먹으려면 매번 비워야 합니다. 그래야 살 수 있습니다. 늘 배우려면 늘 비워야 합니다. 그래야 배울 수 있습니다.

이것이 자연의 이치이고, 생명의 순환이며, 삶의 지혜입니다. 배움이라고 다르겠습니까? 마음의 세상을 채우고 싶으십니까? 세상만큼 비우십시오. 마음에 우주를 담고 싶으십니까? 우주만큼 비워야 합니다.

49.
아이의 마음으로

무엇을 가르쳐야 한다고 생각하지 마십시오.
아이의 마음을 자신의 마음으로 삼으십시오.

가르침은 선물입니다.
선물을 모든 아이에게 나눠 주십시오.
아이들이 원하는 것을 선물하십시오.
선한 마음으로
믿음을 가지고

아이들의 상태를 그대로 받아들이고
옳고 그름의 판단을 중지하시고
아이의 마음으로 가르치십시오.

빵을 달라는데 돌을 주는 부모는 없습니다. 물을 달라는데 독을 주는 스승은 없습니다. 무엇을 주기 전에 상대방의 마음을 읽어야 합니다. 그 마음을 자신의 마음으로 삼아야 합니다.

아이의 마음을 자신의 마음으로 삼은 자를 부모라 합니다. 학생의 마음을 자신의 마음으로 삼은 자를 스승이라 합니다. 사랑과 가르침은 거기에서 출발합니다. 자신의 마음을 아이의 마음이라 우기지 마십시오, 자신의 마음을 학생의 마음이라 속이지 마십시오.

가르침은 선물입니다. 선물은 선의로 가득 찬 물건입니다. 선의로 가득 차 있기에 신령합니다. 배고픈 아이에게 밥을 주듯, 목마른 아이에게 물을 주듯 가르침으로 아이를 살리십시오. 그것으로 충분합니다. 의심하지 마십시오. 판단하지 마십시오.

아이의 마음을 갖는 것이 부모의 자격입니다. 학생의 마음을 갖는 것이 교사의 미덕입니다. 그 마음으로 가르치십시오.

50.
상처받지 마십시오

가르침에 집착하지 마십시오.
잘 배우는 아이도 있고
잘 못 배우는 아이도 있습니다.
배우지 않아도 아는 아이가 있고
배워도 모르는 아이도 있습니다.

어떠한 상태에 처하든
어떠한 아이를 만나든
상처받지 마십시오.
딱딱하고 완고한 마음은 상처받기 쉽지만
부드럽고 텅 빈 마음은 상처 낼 수 없습니다.

가르침은 선물입니다. 선물은 대가를 바라지 않습니다. 대가를 바라는 것은 선물이 아니라 거래입니다. 선물은 조건을 따지지 않습니다. "우는 아이에겐 선물을 안 주는" 사람은 결코 산타클로스가 아닙니다. 어떤 아이도 소외시켜서는 안 됩니다. 우는 아이일수록 선물이 더 필요합니다.

조건 없이, 대가 없이 주는 것이기에 결과에 연연하지 않습니다. 조건과 대가를 바라는 마음만 결과에 연연해합니다. 결과가 좋지 않을 때, 대가가 돌아오지 않을 때 실망합니다. 상처받습니다. 선물의 의미가 퇴색합니다. 쓸모없는 짓을 했다며 한탄합니다. 다시는 주지 않겠다며 화를 냅니다.

상처받지 마십시오. 대가를 바라지 않는 텅 빈 마음으로 그냥 주십시오. 그저 선물하십시오. 그것으로 충분합니다.

51.
자연의 교사가 되십시오

자연은 모든 것을 낳고
자연의 마음은 모든 것을 기릅니다.
그 속에서 만물은 자기 모습을 갖추고
자기 삶을 누리게 됩니다.
이 모든 것이 저절로 되니
참으로 귀하디 귀합니다.
억지로 된 것이 아니니
참으로 자유롭습니다.

자연을 닮으십시오.
낳고, 먹이고, 키우고, 보살피십시오.
소유하지 말고, 기대지 말고, 지배하지 마십시오.
이를 일러 자연의 교사라 합니다.

자연은 위대합니다. 자연은 스스로 낳고 먹이고 키우고 기릅니다. 어떤 대가도 바라지 않습니다. 차별하지 않습니다. 자랑하지 않습니다. 억지가 없습니다. 그래서 자연입니다. 자연의 자식들은 스스로 그러하다고 생각합니다. 스스로 그러하기에 자족自足하고, 자유自由롭습니다.

교육의 궁극적 목표는 모든 생명이 삶의 주인공이 되는 것입니다. 주인공은 주인主人을 높인 말公입니다. 교사도 학생도 모두 주인공입니다. 귀한 존재입니다. 왜 귀합니까? 자유롭기 때문입니다. 노예가 되지 않기 때문입니다. 주눅 들지 않기 때문입니다.

자연이 모든 존재에게 그러하듯, 참된 교사는 학생을 귀하게 여기면서 자유롭게 성장하게 합니다. 잘 보살핍니다. 학생을 소유하려 하거나 지배하려 하지 않습니다. 자연을 닮아갑니다. 이렇게 귀한 사람을 '자연의 교사'라 부릅니다.

52.
저절로 알 수 있습니다

좋은 가르침이 있기에
좋은 배움이 있습니다.
교사를 보면
학생을 알 수 있습니다.
학생을 보면
교사를 알 수 있습니다.

말하지 않아도 알 수 있습니다.
굳이 말해야 알겠습니까.
저절로 알게 됩니다.

온화한 눈빛으로 알 수 있습니다.
부드러운 미소로 알 수 있습니다.
밝은 분위기로 알 수 있습니다.
소리치지 않아도, 설명하지 않아도
좋은 가르침과 배움을 알 수 있습니다.

가르침과 배움은 거울과 같습니다. 학생은 교사의 모습을 비추는 거울입니다. 교사를 보면 학생을 보지 않아도 학생을 알 수 있습니다. 학생을 보면 교사를 보지 않아도 교사를 알 수 있습니다. 다르지 않습니다. 학생이 성난 표정을 지으면 교사가 성난 것입니다. 학생의 미소를 보면 교사가 웃는 것입니다. 학생을 보며 악마가 떠오른다면 교사가 악마이기 때문입니다. 학생을 보며 천사가 떠오른다면 교사가 천사이기 때문입니다.

좋은 가르침은 좋은 배움입니다. 가르침이 없어도 좋고, 배움이 없어도 좋습니다. 좋은 가르침은 가르치지 않고도 가르칩니다. 좋은 배움은 배우지 않고도 배웁니다.

어떻게 아느냐고요? 눈빛을 보면 알 수 있습니다. 표정을 보면 알 수 있습니다. 분위기를 보면 파악할 수 있습니다. 설명이 필요 없습니다. 그렇지 않습니까?

온화한 눈빛, 부드러운 미소, 밝은 분위기, 좋은 가르침과 배움이 있는 곳에서 발견할 수 있는 모습입니다. 말이 필요 없습니다. 설명하지 않아도 압니다.

53.
배움의 도둑놈

작은 앎이라도
크게 실천하면서
두려움 없이 살아갑니다.
삶이 평탄합니다.

말은 화려하지만
실천이 없으니
삶이 황폐합니다.
그런데도 이를 반성하지 않고
학위에 학위를 더하고
많이 아는 것을 자랑하고
아는 것으로 남을 조롱하고
배움을 재산처럼 쌓아 두니
배움의 도둑놈입니다.
이런 놈을 어디에 쓰겠습니까?

아무리 작은 앎이라도 앎은 작지 않습니다. 그 앎이 큰 행동과 만나면 두려움 없이 살아갈 수 있습니다. 우리가 조금 알아서 세상이 이 모양 이 꼴인 것이 아닙니다. 행동 없이 앎만 넘쳐나기 때문에 세상이 엉망입니다. 행동이 없다면 학위를 많이 딴들 무슨 소용이 있겠습니까? 오히려 많이 배워서 탈이 납니다.

많이 먹기만 하고 누지 않는 것과 같습니다. 뱃속은 가스가 그득하고, 얼굴은 누렇게 되고, 종국에는 병원에 실려 가게 됩니다. 잘 먹고 잘 누는 것이 양생의 방법이듯, 잘 배우고 잘 실천하는 것이 교육의 살길입니다. 잘 먹어 몸을 살리듯, 잘 배워 세상을 살려야 합니다.

지식인은 넘쳐나는데 세상은 더욱 살기 어려워진다면 뭔가 잘못되어도 크게 잘못된 것입니다. 배움을 재산처럼 쌓아두고 베풀지 않는다면, 그것은 도둑놈이나 하는 짓입니다. 학교를 도둑놈 양성소로 만들어서는 안 됩니다. 교사가 도둑의 우두머리가 되어서는 안 됩니다.

54.
참스승은 영원합니다

참스승이 있는 곳에 참교육이 있습니다.
그는 결코 홀로 되지 않습니다.
그는 결코 잊히지 않습니다.

참교육을 자신에게 하면 더욱 밝아지고
참교육을 가족에게 하면 더욱 넉넉해지고
참교육을 마을에 하면 더욱 성장하고
참교육을 나라에 하면 더욱 풍성해지고
참교육을 세상에 하면 더욱 평화롭게 됩니다.

왜 그렇습니까?

참스승은 자신을 스승 삼아 배우고

가족을 스승 삼아 배우며

마을을 스승 삼아 배우고

나라를 스승 삼아 배우며

세상을 스승 삼아 배우기 때문입니다.

참교육이 실천됨을 어찌 아느냐고요?

참스승을 보면 알 수 있습니다.

참스승은 누구입니까? 자신을 크게 비운 자입니다. 자신을 비우고 비워 우주를 채울 수 있을 정도로 비우는 것을 맹자는 '호연지기浩然之氣'라 했습니다. 그렇게 자신을 밝히고 맑히는 것을 증자는 '명명덕'이라 했습니다. 그렇게 된 상태를 공자는 '덕불고德不孤'라고 했습니다. 거울처럼 깨끗하고 호수처럼 맑기에 '명경지수明鏡止水'라 했습니다. 만나는 모든 것의 마음을 자신의 마음으로 삼았기에 '성인聖仁'이 됩니다.

참스승은 모든 것을 스승으로 삼아 배웁니다. 그들의 마음을 자신의 마음으로 삼습니다. 삿된 마음私心을 품지 않습니다. 그 마음으로 세상을 만나기에 만나는 곳마다 참교육 실천의 장이 됩니다. 아이를 만나면 아이가 되고, 나무를 만나면 나무가 되고, 바람을 만나면 바람이 됩니다. 참교육이 있으니 세상은 밝고, 넉넉하고, 잘 자라고, 풍성해지고, 평화로워집니다.

참스승은 외롭지 않습니다. 모든 것과 하나가 되기 때문입니다. 참스승은 사라지지 않습니다. 모두가 그를 그리워하고 기억하기 때문입니다. 잊히지 않으니 영원합니다. 참스승은 그런 존재입니다.

스승님 고맙습니다

55.
갓난아이와 같은 스승

참된 스승의 길을 가는 사람은 갓난아이와 같습니다.
겉으로는 약해 보이지만 그 무엇보다 강하고
겉으로는 물러 보이지만 그 무엇보다 단단합니다.
온종일 놀아도 지치지 않고
온종일 울어도 목이 쉬지 않습니다.
몸과 마음이 조화를 이루기 때문입니다.

가르침에 쉬 지치거나 목이 쉰다면
몸과 마음의 조화가 깨졌기 때문입니다.
억지를 부리면 쉬 지쳐 기운이 쇠해집니다.
가르침의 참된 길이 아닙니다.
참된 길이 아니라면 조만간 끝장이 납니다.

요한 하인리히 페스탈로치라는 스위스의 스승이 있습니다. 어린이, 가난한 자, 약자를 돌보는 가정환경에서 자라났습니다. 개신교 목사인 할아버지는 동네의 가난한 사람들에게 항상 친절했고, 어머니는 가정을 꾸리면서도 보육원에 틈틈이 음식과 옷을 보내곤 했습니다. 의사였던 그의 아버지도 가난한 사람을 주로 진료했습니다.

페스탈로치는 성장하여 안나를 만나 결혼하고 전쟁고아들을 모아 그들과 함께 노동하고 공부하는 공동야학을 열었으나 주위 사람들의 시기로 실패하고 말았습니다. 가난한 삶은 그와 아내를 병들게 했지요. 아내가 먼저 사망하고 페스탈로치도 힘겨운 삶을 이어갔습니다. 1789년 스위스 정부는 그에게 보육원 책임을 맡겼습니다. 이 보육원은 1년 후에 폐쇄되었지만, 이후 페스탈로치는 학교를 설립하여 죽을 때까지 학교를 운영합니다.

그는 어린이를 고유한 세계가 있는 인격체로 대했습니다. 이러한 자세는 어린이를 작은 어른처럼 취급했던 당대의 관점을 바꾸었습니다. 그는 어린이를 가르칠 때 교과서를 전혀 사용하지 않았습니다. 어른의 세계를 주입하는 것은 교육이 아니라고 보았기 때문이지요. 그는 어린이들이 놀다가 다칠까 봐 유리 조각을 줍고 다녔습니다. 그가 죽을 때는 그와 함께했던 어린이들이 그의 임종을 지켰습니다. 그는 고아들의 대부였고, 조건 없는 사랑으로 어린이 교육을 실천한 교육혁명가였습니다.

가난도 병마도 그를 좌절시키지 못했습니다. 그는 영원한 어린이였습니다. 그는 어른의 세계로 아이들을 인도한 것이 아니라 어린이의 세계에서 행복하기를 바랐습니다. 그는 참된 스승의 길을 걸었던 사람입니다.

56.
침묵의 스승

아는 교사는 말하지 않고
말하는 교사는 알지 못합니다.

침묵에도 가르침이 있다는 걸 아십시오.
침묵의 가르침은 날카롭지 않습니다.
얽힌 것을 풀어 줍니다.
눈부신 것을 부드럽게 합니다.
가장 낮은 곳까지 스며듭니다.

참된 앎은 침묵처럼 온 세상에 퍼져 있습니다.
침묵의 가르침은 모든 것을 끌어안습니다.
가까움과 멂, 이로움과 해로움, 귀함과 천함이
모두 그 속에서 편히 쉽니다.
이처럼 침묵의 가르침은 귀하디귀합니다.

인류의 스승 붓다佛陀는 어느 날 영취산에서 제자들에게 연꽃을 들어 보입니다. 제자들은 스승이 그 연꽃에 대하여 뭐라고 말하는지 궁금해하며, 호기심에 가득 찬 눈으로 스승을 바라보았습니다. 스승은 아무 말 하지 않았습니다. 침묵의 시간이 흐릅니다.

그때 불가에 뒤늦게 입문한 가섭迦葉이 늦게 입장하여 그 모습을 바라봅니다. 대중은 고요하고, 붓다도 침묵하고 있습니다. 가섭은 스승이 손에 쥔 연꽃을 바라봅니다. 아름다운 꽃입니다. 보기 참 좋습니다. 가섭은 그 꽃을 바라보며 조용히 미소를 짓습니다. 염화미소拈花微笑가 이루어진 순간입니다.

스승은 가섭의 미소를 바라봅니다. 가섭은 스승을 향해서도 미소를 보냅니다. 스승도 웃습니다. 마음에서 마음으로 웃음이 퍼집니다. 이심전심以心傳心, 말없이 뜻이 전해집니다. 말로 다 할 수 없는 뜻입니다. 말로는 표현할 수 없는 뜻입니다.

두려움의 침묵이 아니라 미소가 스며드는 침묵의 시간이 흐릅니다. 날카로운 시간은 무뎌지고, 얽힌 것은 풀립니다. 가르침은 없었으나 가르침이 이루어집니다. 교외별전敎外別傳! 화려하지는 않지만, 눈부시지는 않지만 가르침의 본질이 전해집니다.

스승은 제자 가섭을 불러 말합니다.

"마음으로 전해지는, 침묵의 가르침은 너에게 전해졌다. 이 미묘한 가르침을 네가 전하도록 하라."

가섭이 선종禪宗의 조사祖師가 되는 순간입니다. 침묵의 가르침은 그렇게 전수되었습니다. 꽃으로, 미소로!

57.
통 큰 스승

가르침에는 올바름이 필요합니다.
변화에는 임기응변해야 합니다.
제자를 얻으려면 억지가 없어야 합니다.

금지가 많을수록 자유는 빈곤해지고
수사가 많을수록 배움은 어지러워지며
변덕이 심할수록 잔꾀는 늘어나고
행정이 복잡할수록 비리도 많아집니다.

그러면 안 됩니다.
금지가 없으니 위반도 없고
수사가 사라지니 단순해지고
변덕이 없으니 일관되고
복잡하지 않으니 통나무처럼 자랍니다.

노자의 《도덕경》에 등장하는 나무 이미지는 '통나무'입니다. 아직 도끼나 끌이나 톱에 가공되지 않은 나무, 나무 모양 이외의 어떠한 모양도 갖고 있지 않은 나무, 그래서 무엇이든 될 수 있는 나무, 쓸모라는 관점에서 보면 아직은 쓸모가 확인되지 않은 나무. 무지용無之用의 나무, 존재 그 자체로 거기에 남아 있는 나무. 이 순박하고 투박한 나무야말로 노자가 추구하는 존재의 이미지입니다. 강제도 억지도 없이 그렇게 성장한 나무.

맹자는 그러한 나무를 가공하여 인간에게 쓰이는 나무가 되기를 바랐습니다. 맹자는 고자와 논쟁하며 버드나무는 그 부드러움으로 인해 휘어 바구니를 만들 수 있다고, 그것이 버드나무의 본성이라고 말했지만, 고자는 버드나무가 바구니가 되기 위해서 존재하는 것은 아니지 않느냐며 반론했습니다. 노자의 입장이라면 맹자가 아니라 고자의 편을 들었을 것입니다.

교사의 역할은 무엇일까요? 아이들이 세상에 쓸모 있는 존재가 되기를 바라는 것일까요? 아이들이 아이로 행복하길 바라는 것일까요? 세속적 가치를 따지면 통나무보다, 가지를 자르고, 휘고, 모양내어 아름답게 꾸민 분재盆栽가 값어치가 있습니다. 성적 올리고, 스펙 쌓고, 경쟁력을 높이는 것은 분재하는 것과 같습니다. 그런데 아이는 정말로 그것을 바랄까요?

허리가 휘도록 공부하는 아이들, 시험 때마다 불안해하는 아이들, 성적으로 좌절하는 아이들, 등급으로 차별당하는 아이들, 결국 이것을 견디지 못하고 스스로 목숨을 놓는 아이들을 보면, 교육 현장이 무서워집니다.

학교를 세우고, 학칙을 만들고, 교사를 뽑고, 수업 계획을 수립하고, 수업을 진행하고, 보충하고, 시험 보고, 평가하고, 줄 세우는 일들이 정말로 아이들이 원하는 것일까요? 그것이 냉엄한 현실이라고 말하는 것이 교사가 할 일일까요?

58.
맹한 스승

스승이 맹하면 제자들은 순박해지고
스승이 똑똑하면 제자들은 못돼집니다.

배우지 말라는 것은 한사코 배우고
배우라는 것은 절대 배우지 않습니다.
배움의 결과를 누가 예상하겠습니까?

영원한 올바름은 없습니다.
한때 올바른 것이 그릇된 것이 되고
한때 선한 것이 사악한 것이 됩니다.
올바름에 미혹되지 마십시오.

그러면 어떤 스승이 되어야겠습니까.
총명한 스승이 아니라 맹한 스승이 되십시오.
날카로운 스승이 아니라 무딘 스승이 되십시오.
빛나는 스승이 아니라 따뜻한 스승이 되십시오.

이제 와 생각해보니 기억에 남는 스승은 모두 똑똑한 분이 아닙니다. 잘 가르치던 분도 아닙니다. 나를 따뜻하게 바라봐 주었던 분들이 떠오릅니다. 만약에 스승의 날에 졸업한 학교를 찾아간다면 그분들을 찾아갈 것입니다. 나를 믿어 주셨던 분들을.

만약에 내가 어렸을 적 배운 대로 살았다면 나는 반공 투사가 되었을 것입니다. 나는 국민학교이제는 초등학교로 개명했지만 시절, 멸공 포스터를 그려 상을 받았습니다. 국군이 태극기를 휘날리며 북한으로 쳐들어가는 모습을 그렸지요. 포스터 위에는 선명하고 빨갛고 굵은 고딕체로 '멸공'이라 크게 써놓았습니다. 조회 시간에 단상에 올라가 교장 선생님께 상장을 받았습니다. 수업이 끝나자마자 집으로 뛰어가 상장을 보여 주며 자랑했습니다. 그때는 평생 그래야만 하는 줄 알았습니다.

그때 나를 가르쳤던 교사들은 지금 무엇을 하고 있을까요? 태극기를 휘날리며 광화문을 활보하고 계실까요? 그분들은 자신이 자랑스러우실까요? 지금쯤 부끄럽지 않을까요? 나는 그때 나에게 뭔가를 강요한 교사들이 참으로 부끄럽습니다. 그런 분들에게 배운 내가 창피합니다. 그분들은 왜 그러셨을까요? 진짜로 세상은 그렇게 되어야 한다고 생각하셨을까요?

국민교육헌장을 못 외웠다고 집에 보내지 않았던 교사, 유신헌법의 위대함을 선전했던 교사, 군사독재를 한국형 민주주의라고 말했던 교사, 그분들이 나를 키운 것이 아닙니다. 차라리 나를 키운 교사는 그때 아무 말도 없으셨던 교사입니다. 조용히 동화책을 내밀어 준 교사입니다. 교사가 된다는 것은 참으로 두렵고 무서운 일입니다.

59.
검소한 스승

제자들을 잘 키우고 가르치려면
무엇보다 검소한 스승이 되십시오.
검소가 최고입니다.

자신의 삶을 낭비하면 줄 것이 없어지고
자신의 삶이 검소하면 주고도 남습니다.

줄 것이 계속 있기에 못할 것이 없습니다.
못할 것이 없기에 세상을 맡길 수 있습니다.

검소야말로 삶의 뿌리이고 바탕입니다.
검소야말로 무궁하고 영원합니다.

권정생이란 스승이 있습니다. 일제강점기 일본 도쿄에서 가난한 노동자의 아들로 태어나 해방 후 귀국하여 나무장수, 고구마 장수 등으로 객지를 떠돌며 생활하다 경북 안동군 일직면 조탑리에 정착하여 작은 교회의 종지기로 살았습니다. 교회학교 교사를 하면서 동화를 창작하고 아이들을 가르쳤습니다. 대표작《강아지똥》,《몽실 언니》등 동화와 동시, 동요 등 수많은 작품을 창작하여 우리나라에서 가장 유명한 동화 작가가 되었습니다.

유명세로 그에게 들어오는 인세도 만만치 않아 그 돈이면 떵떵거리고 살만했는데, 그는 평생 다섯 평짜리 오두막에서 강아지와 둘이 사는 검소한 삶을 실천했습니다. 선생은 세상을 뜨기 전, "인세는 어린이로 인해 생긴 것이니 그들에게 돌려줘야 한다. 굶주린 북녘 어린이들을 위해 쓰고 여력이 되면 아시아와 아프리카의 굶주린 아이들을 위해서도 써 달라. 남북한이 서로 미워하거나 싸우지 말고 통일을 이뤄 잘 살았으면 좋겠다"는 내용의 유서를 남겼습니다. 또한 자신의 집터를 허물어 다시 자연으로 돌려달라고 부탁했습니다.

평생 가난 속에서 살았고, 돈이 모여도 검소함을 잃지 않았습니다. 그의 가난으로 우리는 풍요로워졌고, 그의 검소함으로 우리는 많은 것을 얻었습니다. 그는 갔지만, 우리의 기억 속에 영원합니다. 검소함이 주는 영원함입니다.

60.
요리하는 스승

큰 가르침은
작은 생선을 조리하는 것과 같습니다.

생선이 잘 익을 때까지 가만히 두어야 합니다.
휘적휘적하면 모양이 흐트러집니다.
뒤집을 때도 조심해야 합니다.
힘주어 뒤집으면 살점이 다 떨어져 나갑니다.

가르침도 마찬가지.
기다림의 시간
힘 조절의 능력
망가뜨리지 않는 섬세함

스승은 제자를 헤치지 않습니다.

이오덕이라는 스승이 있습니다. 1925년 경북 영천에서 농사꾼의 아들로 태어나 농사를 지으면서도 책을 손에 놓지 않았습니다. 가난하여 2년제 농업학교에 들어가 "땀 흘리며 일하는 것과 밥을 해서 함께 나누어 먹는 것"을 배웁니다. 1944년 교원시험에 합격하여 청송 부동 초등학교에 부임하여 이후로 43년 동안 초등학교 교사, 교감, 교장을 지내면서 동화와 동시를 썼습니다. 우리말과 우리글을 사랑하여 우리말 지킴이로 평생을 살았습니다.

지식인들이 쓰는 국적 불명의 말에 어린이들이 오염되는 것을 막고, 삶에서 우러나는 말과 글이 진실하다고 믿었기에, 어린이들에게 삶의 시를 가르치고 어린이들의 시를 모아 작품집도 냈습니다. 1970년대에 권정생 선생을 만나 10년이 넘는 나이 차에도 불구하고 평생지기로 살아갑니다. 2003년 자택에서 78세의 나이로 별세하셨습니다.

그는 어린이를 사랑했고, 세상의 부모와 교사는 아이의 생명을 지키는 사람이어야 한다고 생각했습니다. 아이들이 죽어가는 현실에 분노했고, 아이들을 살리자고 절규했습니다.

61.
바다 같은 스승

큰 스승은 바다와 같습니다.
고요히 자신을 낮추기에
온갖 것들이 모여듭니다.
어떤 것들도 마다하지 않습니다.

참된 스승은 제자들의 안식처.
칭찬도 비난도 받지 않고
그의 품에서 편안히 거합니다.
근심도 걱정도 없이
하루를 잘 보냅니다.

어릴 적 스승의 날이면 선생님 앞에서 '스승의 은혜'를 합창한 기억이 납니다. "스승의 은혜는 하늘 같아서 우러러볼수록 높아만 지네. 참 되거라 바르거라 가르쳐 주신 스승은 마음의 어버이시다. 아아 고마워라 스승의 사랑 아아 보답하리 스승의 은혜~~." 누가 이렇게 낯 뜨거운 노래를 만들었을까요? 찾아보니 강소천이 가사를 쓰고 권길상이 곡을 붙였더군요.

작사가 강소천본명은 강용률, 소천은 호은 우리나라의 대표적인 아동문학가로 1915년 함경도 고원에서 태어나 1963년 사망하였습니다. 평소에 소설가 황순원, 김동리 그리고 청록파 시인들과 친하였다고 합니다. 유교적 전통에서 살았으나 개신교로 개종하였습니다. '스승의 은혜'는 유교적 세계관에 민족주의적 정서를 담아 지어졌습니다. 우리는 대부분 1절만 부르고 말았지만, 본래 3절까지 가사가 쓰였습니다. 3절의 가사는 다음과 같습니다.

바다보다 더 깊은 스승의 사랑
갚을 길은 오직 하나 살아생전에
가르치신 그 교훈 마음에 새겨
나라 위해 겨레 위해 일하오리다.
아아 고마워라 스승의 사랑
아아 보답하리 스승의 은혜

이를 어쩔거나. 스승의 은혜를 보답하는 유일한 방법은 나라와 겨레를 위해 일하는 것이었습니다. 3절까지 안 부른 것은 천행天幸이라 아니할 수 없습니다.

스승은 뭔가를 바라는 사람이 아닙니다. 배움은 있지만 보답은 필요 없습니다. 일방적 증여가 스승의 길이지요. 교편까지 잡은 시인치고는 참으로 낯 뜨거운 가사를 썼다고 생각합니다. 적어도 노자라면 스승의 날 노래는 다시 쓰여야 한다고 말했을 것입니다. 옛날에는 뭣 모르고 불렀지만, 지금의 나는 그렇게 생각합니다.

62.
아늑한 스승

참된 스승은 아늑합니다.
지친 제자도 몸을 녹이고
잘못한 제자도 숨을 수 있습니다.

시간이 흘러도 잊히지 않습니다.
잘나가던 제자도 겸손히 찾아오고
실패한 제자들도 기꺼이 찾아옵니다.
제왕도 거지도 그에게는 똑같은 제자.

지혜도 어리석음도
성자도 죄인도
모두 그에게 안깁니다.
그래서 세상은 스승을 귀하게 여깁니다.
스승보다 귀한 존재는 없습니다.

《장자》〈덕충부〉편에 백혼무인伯昏无人이라는 스승 이야기가
나옵니다.

　　신도가는 형벌로 다리를 잘린 사람이었는데, 정나라
재상인 자산과 함께 백혼무인을 스승으로 모시고 있었
다. 자산이 신도가에게 말했다. "내가 먼저 나가게 되면
자네는 머물러 있고, 자네가 먼저 나가면 내가 머물러
있기로 하세. 나는 지금 나가려고 하는데 자네는 머물러
있을 텐가? 그리고 자네는 재상인 나를 보고도 길을 비
키려 하지 않는데, 자네는 재상과 자네의 신분이 같다고
보고 있는 것인가?"
　　신도가가 말했다. "선생님의 문하에 본시부터 재상이
라는 것이 있었는가? 당신은 당신이 재상이라는 것을
내세우면서 남을 업신여기고 있다. 거울이 맑은 것은 먼
지와 때가 묻지 않았기 때문이고, 먼지와 때가 묻으면
거울은 맑지 않게 된다. 오랫동안 현명한 사람과 같이
생활하면 곧 잘못이 없게 된다고 했다. 지금 당신이 크
게 떠받들며 배우는 분은 우리 선생님이다. 그런데도 이
런 말을 하고 있으니 잘못된 것이 아닌가?"
　　자산이 말했다. "자네는 몸이 이 모양인데 요임금과
훌륭함을 겨루려 하고 있다. 자네는 자네의 덕으로 헤아

려 스스로 반성할 줄도 모르는가?"

신도가가 말했다. "(…) 사람 중에는 자신의 다리가 완전하다고 해서 나의 불완전한 다리를 비웃는 사람들이 많다. 나는 머리끝까지 화가 나지만 선생님이 계신 곳에 가기만 하면 곧 시원한 마음으로 돌아오게 된다. 선생님께서 훌륭하심으로 나를 씻어 주시는 것인지, 나 스스로 깨닫게 되는지는 알 수가 없다. 나는 선생님을 따라 공부한 지 19년이 되지만 내가 절름발이라는 것을 의식한 일이 거의 없었다. 지금 당신은 나와 형체 속의 마음으로 공부하고 있으면서도, 당신은 내게 형체의 모양을 따지고 있으니 잘못이 아닌가?"

자산은 부끄러운 듯 몸을 바로잡고 말했다.

"내가 잘못했네. 없었던 일로 하세."

공자가 칭송한 당대의 명재상 정나라 자산과 동문수학한 발 잘린 신도가는 모두 백혼무인의 제자였습니다. 그는 제자가 어떠한 상태에 있든지 아늑하게 받아들였습니다. 한 제자는 입신양명하였고, 다른 제자는 형벌을 받아 장애를 갖게 되었습니다. 그런데도 스승은 누구도 차별하지 않았습니다. 스승은 무엇보다 귀한 존재입니다. 백혼무인은 '이름 없는 교사'라는 뜻입니다.

63.
스승의 일상

억지 없이 가르치고
강제 없이 실행하고
큰 것을 작은 것처럼 여기고
많은 것을 적은 것처럼 생각합니다.
제자의 잘못을 사랑으로 갚습니다.

어려운 일은 쉬울 때 시작하고
큰일은 작을 때 실행합니다.
아무리 어려워도 쉬울 때가 있고
아무리 큰일이라도 작을 때가 있습니다.
일이 어려워지고 나서 시작하지 않고
일이 커지고 나서 실행하지 않습니다.
끝에 가서야 시작하지 않으니
그래서 큰일을 이루는 것입니다.

그러나 조심하십시오.

일을 가볍게 수락하면 신뢰를 잃게 되고

일을 쉽게 생각하면 어려운 상황을 만나게 됩니다.

가볍고 쉬운 일도 무겁고 어려운 것처럼 대하십시오.

그래야 끝에 가서 곤란을 겪지 않습니다.

등고자비登高自卑, 높은 곳으로 오르려면 낮은 곳부터 시작해야 한다는 말입니다. 유교 경전 《중용》에서 유래했습니다. 우리나라 속담인 "천 리 길도 한 걸음부터"와 상통합니다. 노자 《도덕경》 63장도 이와 유사한 메시지를 전합니다. "어려움은 쉬움에서, 위대함은 세밀함에서 시작된다. 이와 마찬가지로 천하의 어려운 일은 반드시 쉬운 일로부터 만들어지며, 천하의 큰일은 반드시 작은 일로부터 비롯된다. 그러므로 성인은 결코 큰일을 하지 않아도 큰일을 이룰 수 있다."

작은 일상에서 비롯되는 위대함을 떠오르게 합니다. 작은 일상과 위대함이 따로 있지 않습니다. 그래서 작은 일상이라도 쉽게 생각해서는 안 됩니다. 일상은 대충 살고, 일은 신중하게 해야 하는 것이 아닙니다. 오히려 일상을 신중하게 살아야 합니다.

작은 일을 작게 보지 마십시오. 쉬운 일은 쉽게 여기지 마십시오. 작은 일이 큰일의 기초입니다. 쉬운 일이 어려운 일의 기본입니다. 작고 쉬운 일을 업수이 여기면 큰일 납니다. 그래서 가볍고 쉬운 일도 무겁고 어려운 것처럼 대하는 것이 필요합니다.

스승의 일상의 모습이 교육의 기초이자 기본입니다. 모든 위대함의 출발입니다. 일상을 소중하게 가꾸십시오.

아끼고 돌보십시오

64.
천 리 길도 한 걸음부터

시작이 중요합니다.
안정되어 있을 때 유지하기 쉽고
문제가 생기기 전에 처리하기 쉽고
혼란이 생기기 전에 다스릴 수 있습니다.

큰 나무도 작은 싹에서 시작하고
고층 빌딩도 한 줌 흙에서 올라가고
천 리 길도 한 걸음에서 시작됩니다.

시작이 늦으니
억지가 생기고
집착이 따라붙고
성공하기 어렵습니다.

시작을 잘하면
자연스럽게 배울 수 있고
억지로 하지 않아도 도달하게 됩니다.

"호미로 막을 것을 가래로 막는다"라는 속담이 있습니다. 일이 커지기 전에 예방하면 노력도 적게 들고 효력도 커집니다. 우리 사회 곳곳에서 터지는 다양한 문제가 처음부터 컸던 것은 아닙니다. 제방의 작은 구멍 하나가 제방 전체를 무너뜨리듯, 괜찮겠지 지나쳤던 문제들이 홍수처럼 거센 파도를 일으키며 사회 전체를 혼란에 빠뜨리고 있습니다. 사소한 부주의가 팬데믹 현상을 일으키고, 사소한 욕망이 지구환경을 파괴하여 기후 위기를 낳았습니다. 지구의 평균온도가 1.5℃ 상승하여 더는 걷잡을 수 없는 티핑 포인트에 도달하면 지구 전체가 무너질지도 모릅니다.

사태가 너무도 커져 망연자실하기도 합니다. 도무지 어디서부터 손을 써야 하는지 막막하기도 합니다. 그렇지만 생각해 보십시오. 지금 일어나는 이 거대한 문제도 사실은 사소한 것으로부터 비롯된 것입니다. 그렇다면 이 문제의 해결책도 사소한 것에서 찾아야 할 것입니다.

교육 현장이 무너졌다면, 그래서 교육 개혁이 절실하다면, 무엇보다 교사 스스로 개혁해야 합니다. 사소할 것 같은 교사의 생각 하나, 말 한마디, 행동 하나가 세상을 뒤바꿀 것입니다. 다시 시작입니다. 그 시작의 출발은 당연히 교사로부터입니다.

65.
앎의 문제

옛날 잘 가르치는 스승은
머리를 똑똑하게 만들지 않고
행동을 자연스럽게 했습니다.
머리만 똑똑한 사람은
지식으로 도둑질하고
나라를 망칩니다.

앎으로 다스리려 하지 말고
하늘의 길을 따르게 하십시오.
눈에 두드러지지는 않지만
조용한 행동들이 결국 큰 흐름이 됩니다.

그러니 지혜의 교사여,
앎 없이 가르쳐 주십시오.
삶으로 가르쳐 주십시오.

오래전부터 전해져 오는 지덕체智德體라는 말이 있습니다. 우리가 무엇을 우선시했는지 잘 알려 주는 말입니다. 우리는 끊임없이 지식을 추구했습니다. 지식을 추구하느라, 양심은 고갈되고, 체력은 바닥났습니다. 그렇게 지식만 추구하며 진행해 온 교육 현장에서 무엇보다 피해를 본 사람은 교사와 학생입니다. 학교가 교사와 학생을 망쳤습니다.

이제 그 지식마저도 교사의 전유물이 아닙니다. 이미 학생들은 교사의 손에서 벗어나 스마트폰의 세계로 이주하였습니다. 스마트폰이 제공하는 말초적이고, 즉각적이며, 현란한 지식이 학생들의 뇌를 지배하고 있습니다. 지식은 삶의 나침반이 되지 못하고, 유흥거리로 소일거리로 소비되고 있습니다.

그 와중에 잘났다는 사람, 똑똑하다는 사람들은 나라와 기업에서 한 자리씩 차지하고 앉아서 자신의 부를 증식하고 권력을 유지하느라 나라 꼴은 엉망이 되어 가고 있습니다. 지식은 자기 증식의 도구로만 사용되고 있습니다. 좀비들에게 인공지능을 장착한 꼴입니다.

지식이 공동체의 삶을 풍요롭게 하지 못한다면 그런 지식을 뭐라 말해야 합니까? 지식이 인류의 삶을 윤택하게 하지 못한다면 그런 지식을 어디에다 써야 합니까? 지식이 지혜로 다듬어지지 않는다면, 그런 지식은 망국亡國의 도구입니다.

지혜의 교사여, 다시 시작해야 합니다. 권력욕과 소유욕에

사로잡힌 지식을 폐기하고, 삶을 살리는 지혜를 전수해야 합니다. 생명을 살리는 생태적 행동, 이웃을 보살피는 따뜻한 마음, 서로를 주인으로 세우는 민주적인 훈련을 학교에서 시작해야 합니다. 건국 이래 100년 동안 망친 현장을, 100년을 생각하며 초석부터 다져야 합니다.

66.
교육의 왕

강과 바다가 모든 골짜기의 왕이 될 수 있었던 것은
스스로 낮추기를 잘하기 때문입니다.

선생이 학생보다 낮아지면 저절로 높아집니다.
선생이 학생보다 뒤서면 저절로 드러납니다.

선생이 낮아졌기에 학생들은 선생의 무게를 느끼지 못하고
선생이 뒤에 있기에 학생들은 안전하다고 생각합니다.
모든 학생이 그를 즐거이 맞아들입니다.
누구와도 겨루지 않는 사람과 더불어 겨룰 수는 없습니다.
무엇을 먼저 해야 합니까?

교육 현장이 가장 안전安全한 곳이 되어야 합니다. 육체적으로, 정신적으로, 심리적으로 안정安定을 되찾는 곳이 되어야 합니다. 정보의 홍수로 머릿속이 혼탁해지고, 심리적으로 불안정한 학생들이 학교로 오면 편안함을 되찾을 수 있는 곳이 되어야 합니다. 머리를 돌보기에 앞서 가슴을 마음을 돌보아야 합니다. 그러려면 교사가 학생의 자리까지 내려가야 합니다. 교사가 학생의 반석盤石이 되어야 합니다. 학생의 머리 위를 짓누르는 맷돌이 되어서는 안 됩니다.

교육 현장이 학생들의 놀이터가 되어야 합니다. 신음과 탄식이 아니라 웃음이 넘쳐나는 곳이 되어야 합니다. 학생들의 미래를 준비하는 실험실이 되어야 합니다. 시도와 실수가 반복적으로 권장되는 곳, 우발적인 관계를 통해 새로운 사유와 삶이 열리는 곳이 되어야 합니다. 교사가 학생과 웃는 눈빛을 교환할 수 있는 곳이 되어야 합니다.

학생들이 학교를 탈출해야 할 감옥으로 여기고, 학습을 벗어던져야 할 짐으로 여기던 시대는 지나갔습니다. 일률적인 기준으로 평가하고, 못하는 과목으로 문책당하는 곳이 아니라, 다양한 능력을 시험하고, 잘하는 것들을 더욱 권장하는 곳으로 탈바꿈해야 합니다.

학생들 앞에서 선도적으로 이끄는 것이 아니라 학생들과 함께 '교육 혁명'을 시작해야 합니다. 학생들을 당당한 교육의 주체로 앞세워, 학생들 스스로 혁명의 주인공이 되도록 그들에게 길을 열어 주어야 합니다. 학교는 교사와 학생 간의 기싸움 현장이 아니라, 교사와 학생이 서로 북돋는 응원의 현장이 되어야 합니다. 그것이 교육의 왕도王道입니다. 교육의 왕, 지혜의 교사가 따라야 할 길입니다.

67.
교사의 세 가지 보물

교사의 삶이 영원한 것은
교사가 쓸모없어 보이기 때문입니다.
너무 큰 것은 쓸모없어 보입니다.
쓸모가 있었다면 오래전에 교사는 없어지고 말았을 겁니다.

교사에겐 세 가지 보물이 있습니다.
사랑, 아낌, 나서지 않음입니다.

사랑하기에 용감해지고
아끼기에 널리 베풀고
나서지 않기에 크게 됩니다.

사랑 없는 용기,
아낌 없는 남용,
겸양 없는 나섬,
이는 학생을 죽이는 일입니다.

우리가 만든 세상은 대량생산, 대량소비의 사회였습니다. 넘치도록 사고, 쓰는 것이 행복이라고 생각했습니다. 그러다 보니 사지 않아도 되는 것을 사고, 쓰지 않아도 되는 것을 썼습니다. 구매와 사용 회전율이 높아지다 보니 쓸 만한데도 버리고, 새로운 것을 사서 써 보는 얼리 어댑터Early-adapter가 표준 모델이 되었습니다. 조금이라도 낡거나 유행이 지나거나 낮은 사양이라면 과감하게 버렸습니다. 부富는 나눔의 도구가 아니라 과시의 도구가 되었습니다. 더 비싼 곳, 더 넓은 집, 더 좋은 차, 더 맛있는 음식을 따라 시도 때도 없이 유랑하며 사들이고 써 재꼈습니다. 그리하여 온 국토를 쓰레기 천국으로 만들었습니다.

구매 정도에 따라 VIP가 결정되고, 웃돈이 붙었습니다. 호텔이나 백화점은 더 많이 쓰는 사람을 위한 스페셜 공간을 마련하고 스페셜 시간대에 스페셜한 혜택으로 그들의 욕망을 더욱 부추겼습니다. 코로나19 팬데믹으로 비대면 사회가 선포되자, 그들은 오히려 잘 되었다며, 자신들만의 공간이 확장되기를 바랐습니다. 전 세계가 홍수로 난리 났지만, 그들은 더욱 용기를 내어 땅값 집값을 올리느라 현수막을 내걸고 피켓을 들었습니다. 기한 다 한 세입자들을 거리로 내몰았습니다. 세금을 덜 내기 위해 자신들의 입장을 지지하는 세력에게 정치자금을 쏟아부었습니다. 많은 사람이 죽음의 문턱을 기웃거리게 했습니다. 황금으로 철면피를 도색하고, 자신들만의 천국을 만들려 하고 있습니다.

아, 교육자여! 어쩌면 좋겠습니까? 소비 대신 아낌을 권장하고, 아껴 남은 것을 돌봄으로 이끄는 삶의 새로운 행로가 개척될 수 있겠습니까? 더 벌어 더 쓰겠다는 용기를 돌려 가난한 이웃과 나누겠다는 용기로 전환할 사랑의 윤리를 가슴에 새길 수 있겠습니까? 남이야 어찌 되었든 나만 아니면 된다는 파렴치한 이기利己를 멈추고, 남들 봐서라도 이만하면 되었다고 고백하는 겸양의 미덕을 가르칠 수 있겠습니까?

그게 불가능하면, 우리는 죽은 것입니다. 아래로부터 차근차근 무너져 결국 공생共生이 아니라 공망共亡하는 길밖에 남지 않게 됩니다.

68.
싸우지 말고 이기십시오

훌륭한 무사는 칼을 보이지 않습니다.
훌륭한 전사는 화를 내지 않습니다.
훌륭한 승자는 적을 만들지 않습니다.
훌륭한 교사는 스스로 낮춥니다.

싸우지 않고도 이기고
성내지 않고도 용감하며
스스로 낮추니 저절로 높아집니다.
이를 일러 하늘과 함께함이라 합니다.

세상을 향한 교사와 학생의 싸움은 총칼을 든 싸움이 아닙니다. 무력으로 세상을 바꾸려는 시도는 항상 좌절됐습니다. 교사가 학생에게 가르쳐야 할 싸움의 기술은, 아낌과 돌봄입니다. 서로가 서로를 아끼고, 서로가 서로를 돌보는 것부터 시작해야 합니다.

낭비와 경쟁의 시대는 지났습니다. 코로나19 이후 우리는 전 세계가 하나로 연결되어 있으며, 한쪽의 불행이 다른 한쪽으로 빠르게 전파되는 것을 목도하였습니다. '나만 아니면 된다'는 행운의 논리는 더 이상 통하지 않게 되었습니다. '나로부터 시작해야 한다'는 자각의 논리가 필요합니다.

나와 다른 이들을 적으로 돌리고, 그들을 억압하고 제거하는 전쟁의 논리는 모두가 모두를 망하게 하는 길입니다. 나의 지식으로 남을 살리고, 나의 삶으로 타인을 풍성하게 하고, 적이라 여겼던 것들을 친구로 만드는 평화의 기술이 필요합니다.

남들 위에 군림하는 제국의 논리를 버리고, 남들과 공생하는 평화의 지구공동체를 건설해야 합니다. 하늘이 온 세상을 감싸듯이, 우리도 평화로 지구를 감싸야 합니다. 차별 없이 사랑하는 '태양의 윤리'를 실천할 때입니다. 우리나라는 남북이 분단되어 있고, 양대 진영 사이에 놓여 있으며, 코로나19도 가장 먼저 만나 대응했기에 세계 평화의 선두주자가 될 수 있습니다. 그리고 그러한 일들은 단기간에 이루어지는 것이 아니니, 교육 현장에서부터 차분하게 풀어가야 합니다. 우리 세대에서 끝날 일이 아니니, 다음 세대와 협력하여 '하늘과 함께함'을 실천합시다.

지혜의 교사여, 아이들에게 평화의 싸움을 알려 주세요. 아낌과 돌봄의 싸움을 시작해 주세요. 싸우지 않고 이기는 방법을 알려 주세요.

69.
싸움의 기술

학생에게 싸움을 가르칠 때는 이렇게 하십시오.
상대방이 아무리 약하더라도 강하다고 여기고
무턱대고 나서기보다는 한발 물러서게 합니다.

상대방을 가볍게 여기는 것보다 더 큰 화는 없고
상대방을 가볍게 여기면 자신의 보물을 빼앗기게 됩니다.

그러므로 싸움의 기술은
강함을 드러내지 않고 물러서는 것처럼 보이는 것,
이겼다고 기뻐하기보다 상대방의 피해를 슬퍼하는 것,
이것이 승리의 기술입니다.

서양 고전을 읽다 보면 인간의 가장 큰 죄는 바로 '오만傲慢, Hybris'입니다. 호메로스가 쓴 《일리아드》와 《오디세이아》의 주제 중 하나가 영웅들의 '오만'으로 인한 고통의 기록이지요. 짧게 끝날 전쟁이 오래도록 지속한 것도, 전쟁이 끝나고 금세 돌아갈 수 있는 귀향길이 그토록 오래 걸린 것도, 모두 영웅들의 오만 때문이었습니다. 아가멤논, 헥토르, 아킬레우스, 오디세우스…. 그들은 스스로 용감하다고 생각하고, 스스로 지혜롭다고 생각했지만, 그 용감함과 지혜야말로 자신의 앞길을 가로막는 장애물이자 걸림돌이 되었습니다.

오늘날 우리가 겪는 고통은 우리가 자연을, 다른 사람을, 다른 나라를 가볍게 여겼기 때문에 벌어진 일입니다. 나인간 중심으로 살다 보니 큰 화를 당한 것이고, 더 많은 보물을 빼앗기게 되었지요. 과거와 결별할 시간이 다가오고 있습니다. 잘 보내 주는 애도의 시간을 가져야 합니다. 우리의 오만으로 인해 파괴되고, 상처받고, 피해 본 존재들의 슬픔을 위로하고 그들과 함께 살아갈 방도를 찾아야 합니다. 우리의 싸움은 우리 오만과의 싸움입니다. 이제 한발 물러설 때입니다. 인류가 자신의 오만으로부터 한발 물러설 때만 같이 승리할 수 있습니다.

노자는 말했습니다. "남과 싸워 이기는 자가 강자가 아니고, 자신과 싸워 이기는 자가 강한 사람입니다." 자신과 싸워 이기는 강자가 되십시오.

70.
알기 쉽고 하기 쉽게

진정한 가르침은
알기 쉽고
하기 쉬워
누구나 따를 수 있는 것입니다.

알기 쉬운데 알지 못하고
하기 쉬운데 하지 않는 것은
어리석기 때문입니다.

세상에 어리석음이 넘쳐나니
알기 쉬운 것을 조롱하고
하기 쉬운 것을 업수이 여깁니다.
그래서 진정한 가르침이 귀해집니다.

진정한 교사여,
비루해진 삶이라도 보물을 버리지 마십시오.

비대면 시절이고 보니 유튜브가 유행입니다. 청소년 대부분이 유튜브를 통해 배운다고 합니다. 미래의 직업으로 유튜버가 되겠다는 청소년이 점점 늘어나고 있습니다. 유튜브의 장점이 있습니다. 엄청난 비용을 들이지 않아도, 특별한 지식이 없어도, 특별한 재능이 없어도 유튜브에 동영상을 올릴 기술만 있으면 반응을 얻을 수 있습니다. 게임을 해설하거나, 길을 걷거나, 맛있는 걸 먹거나, 같이 지내는 동물을 보여주거나, 요리하는 것만으로도 콘텐츠가 됩니다.

그러다 보니 어른, 아이 할 것 없이 유튜버가 되려고 여기저기 기웃거립니다. 그런데 말입니다. 어떤 사람은 유튜버가 되어 엄청난 돈을 벌어들이기도 하지만, 그래서 많은 유튜버의 선망 대상이 되기도 하지만, 대부분 유튜버는 자신의 동영상에 조회 수를 올리기 위하여 수많은 시간을 보내며, 유튜브의 '노예'가 되어 가고 있습니다. 좀 더 자극적인, 좀 더 선정적인, 좀 더 지나친 영상을 올려야 조회 수가 올라간다고 전문가들은 충고합니다. 그런 지침에 윤리가 설 자리는 참으로 좁습니다.

게다가 유튜브 알고리즘은 그렇게 올라온 동영상들에 기초해서 유튜브 소비자들에게 동영상을 선별하여 노출합니다. 문제는 이 알고리즘을 파악할 수 있는 사람이 거의 없다는 점입니다. 자신이 사용하는 프로그램이 어떻게 조종되고 있느지 모르는 상태에서 사람들은 점점 유튜브에 빠져듭니다. 점점 자극적인 것을 찾아다니면 한두 시간은 금세 보냅니다. 이런 증세가 바로 중독입니다.

교사의 가르침은 점점 외면당하고, 그 자리를 유튜브가 차지하는 세상을 어떻게 해야 할까요? 함께 지혜를 모아, 이 엄청난 현실 세계를 이야기해 봐야겠습니다.

71.
건강과 병

알지 못함을 아는 것이 최상의 지혜입니다.
알지 못하면서 안다고 하는 것이 최고의 질병입니다.

병이 병이라는 것을 알아야 합니다.
그래야 병이 되지 않습니다.

진정한 스승은
병이 없습니다.
병을 병으로 알기 때문입니다.

우리는 도대체 어디까지 알고 있고, 어디서부터 모르는 것일까요? 우리가 알고 있던 것이 점점 쓸모없어지는 세상에 살고 있습니다. 과거 자신의 앎으로 자신의 삶을 개척하던 선배들은 얼마나 복된 사람들일까요? 루카치는 말했습니다. "별이 빛나는 창공을 보고, 갈 수가 있고 또 가야만 하는 길의 지도를 읽을 수 있던 시대는 얼마나 행복했던가? 그리고 별빛이 그 길을 훤히 밝혀 주던 시대는 얼마나 행복했던가?"

우리에게도 앎이 행복이었던 시절이 있었습니다. 그러나 역사학자 유발 하라리는 쌀쌀맞게 이렇게 말합니다. "행동을 바꾸지 못하는 지식은 무용지물이다. 하지만 행동을 바꾼 지식도 곧 용도 폐기된다."

어찌합니까? 사태가 이러합니다. 우리 지식이 우리 삶을 바꾸지도 못하고, 설령 우리의 삶을 바꾸었다고 하더라도 곧 용도 폐기되고 마는 시대가 되어 버렸습니다. 미래를 전망하는 일은 미궁迷宮에 빠졌고, 하루하루가 예상 밖의 시간이 되어 흘러가고 있습니다.

지혜의 교사여, 우리는 병들었습니까? 우리가 병들었다는 것을 알고 있습니까? 적어도 건강해지려면 병들었다는 사실부터 알아야 합니다. 가장 고치기 힘든 병이 증상이 없는 병이랍니다. 증상이 없으니, 병이 걸렸는지 모르고, 병을 모르니 고치려 하지 않고, 고치려 하지 않으니 점점 병이 심각해집니다.

세상의 병을 진단하기에 앞서 자신의 병부터 알아야 합니다. 눈먼 자가 앞길을 인도할 수 없듯이, 병든 자가 병을 고칠 수는 없습니다. 진정한 스승은 병이 없다는데, 우리는 지금 어떤 상태입니까?

72.
학생을 두려워하십시오

학생이 두려워하는 것을 교사가 두려워하지 않으면
더 큰 두려움이 닥칠 것입니다.

학생의 꿈을 좁히지 말고
학생의 삶을 가두지 마십시오.

학생을 억누르지 않으면
학생은 싫증 내지 않습니다.

그러기에 진정한 스승은
자신의 앎으로 학생을 좁히지 않고
자신의 사랑으로 학생을 가두지 않습니다.

진정한 스승은 자신이 아니라 학생을 택합니다.

교육 현장에서 가장 두려운 것은 교육부 장관이나 교육감, 교장이나 교감이 아니라 바로 학생입니다. 다른 사람들은 다 교체할 수 있지만, 학생은 교체 불가하기 때문입니다. 선생마저 교체될 수 있지만, 학생은 교체될 수 없습니다. 학생을 가장 두려워해야 할 이유입니다.

그들이 힘이 있어서일까요? 교사보다 더 똑똑해서? 교사보다 영악해서? 물불 안 가리고 대들어서? 아닙니다. 그들의 현실이 우리의 미래상이기 때문입니다. 현재 학생의 모습이 미래 우리 사회의 모습입니다. 현재 학생들의 좌절이, 우울이, 분노가 우리가 미래에 겪어야 할 좌절과 우울과 분노가 될 것입니다. 학생이 현재 꾸는 꿈이 우리 미래의 현실이고, 학생의 현재 삶이 우리 미래의 자화상입니다. 우리는 학생이라는 거울을 통하여 우리의 미래를 봅니다. 우리는 이내 사라지지만, 그들은 사라지지 않습니다. 학교에서 교사가 아니라 학생을 선택해야 할 이유입니다.

그러니 지혜의 교사여, 학생들을 바라보세요. 학생의 얼굴 속에서, 학생의 삶 속에서 자신의 삶을 유추해 보세요. 지금 학생의 모습이 바로 우리의 모습입니다. 미래에 자유로워지고 싶다면, 학생이 지금 자유로워야 합니다. 미래에 행복해지고 싶다면 학생들이 지금 행복해야 합니다. 자유를 유보하거나 행복을 지연하면 우리의 자유도 행복도 절대 오지 않습니다.

노자 교육학

73.
큰 그물을 치십시오

작고 촘촘한 그물은
큰 물고기는 잡을 수 없습니다.
큰 물고기를 잡으려면
크고 성긴 그물을 쳐야 합니다.

하늘이 쳐 놓은 그물을 보십시오.
세상 만물을 하나도 놓치지 않습니다.
엉성하고 성긴 듯해도 놓치는 일이 없습니다.

지혜의 교사여,
하늘의 그물을 닮으십시오.
겨루지 않아도 이기고
말하지 않아도 응답하고
부르지 않아도 찾아옵니다.

《장자》 외편인 〈거협〉에는 다음과 같은 이야기가 나옵니다.

"상자를 열고 주머니를 뒤지며 궤짝을 여는 도둑에 대비하려면 반드시 끈으로 묶고 자물쇠로 채운다. 이것이 세상에서 말하는 지혜이다. 그러나 큰 도둑이 들면 궤짝을 지고 상자는 들고 주머니를 매고 달아나면서 오로지 끈과 자물쇠가 단단하지 않을까 걱정한다. 그러니 세상의 이른바 지혜라는 것은 곧 큰 도둑을 위해 재물을 잘 꾸려 두는 것이 아니겠는가?"

소중하게 감싸고 묶어 둔 보물을 통째로 가져가 버리는 대도大盜가 나타나면, 보물을 감싸고 묶어둔 지혜마저도 그의 것이 되고 말 터이니, 세상의 지식이라는 것도 결국 도둑의 것이라는 장자의 시대비평이 녹아 있는 일화입니다. 플라톤이 쓴 《국가론》에도 이와 유사한 이야기가 나옵니다. 소크라테스의 맞상대인 소피스트 트라시마코스는 "정의란 강자의 이익"에 불과하다고 말하지요. 강한 자는 힘을 이용하여 지식을 지배하려 할 테니까요.

세상을 제대로 이해하고 해석하는 데 필요한 지식을 오히려 악용하면, 잘못된 지식이 퍼져나가고, 왜곡된 개념이 세상을 더럽힙니다. '통합'을 이야기하면서 분열을 조장하고, '새로움'을 주장하면서 수구를 지향하고, '국민'을 말하면서 국민은 아랑곳하지 않는 사태를 우리는 실감하고 있습니다. 원칙과 윤리가 사라진 지식은 무지보다 무섭습니다. 온갖 지능형 사기들은 모두 이러한 지식을 자신의 이익에만 초점 맞추어 이용하지요. 더구나 자신의 지식을 이용하여 상대편을 조롱하고 주눅 들게 하고 자신을 강화하는 사람을 볼 때마다 지식인들이 무섭기까지 합니다.

지식인이 된다는 것은 두려운 일입니다. 하물며 스승이 된다는 것은 얼마나 두렵고 두려운 일일까요? 적어도 스승은 기능형 지식인을 넘어서야 합니다. 얕은 지식으로 제자들을 가볍게 만들어서는 안 됩니다. 작은 그물을 던지면 작은 물고기만 잡힙니다. 스승의 가르침은 '하늘의 그물'을 닮아, 제자들의 가슴속에 하늘을 담아 주어야 합니다. '하늘의 그물'은 '하늘의 사람'을 낚습니다. '하늘의 사람' 예수도 제자에게 말했습니다. "지금까지 너는 물고기를 낚는 어부였지만, 이제부터 너는 사람 낚는 어부가 되리라."(마태복음 4:19)

지혜의 교사여, 하늘의 사람이 되어 하늘의 그물을 던지십시오. 하늘의 사람을 낚으십시오.

74.
대신해 줄 사람은 없습니다

교육을 실천할 교사가 없으면
배움을 어디에서 얻을 수 있습니까?
학원에서 얻을 수 있습니까?
방송에서 얻을 수 있습니까?
교육은 죽은 것입니까?

교사는 사라진 것입니까?
교사가 해야 할 일을
다른 사람에게 넘겨서는 안 됩니다.
대장장이는 망치를 남에게 넘기지 않습니다.
목수는 대패를 남에게 넘기지 않습니다.

교육을 남에게 넘기는 것은
남을 해치는 일입니다.
대장장이의 망치를 대신 쥔 자
목수의 대패를 대신 쥔 자
그 손을 다치게 됩니다.

이 세상에는 대신해 줄 수 없는 일들이
반드시 있습니다.

상품과 생명의 가장 큰 차이는 대체 불가능성입니다. 상품은 표준화, 규격화를 지향하기 때문에 대체 가능성이 장점이지요. 부품이 고장 나면 다른 부품으로 교체할 수 있어야 상품성이 생깁니다. 생명은 이와는 달리 대체 불가능한 유일무이한 것입니다. 생명이 사라지면 그 생명을 대체할 것은 세상에 없습니다.

그러면 질문해 봅시다.

교사는 상품입니까, 생명입니까?

학생은 상품입니까, 생명입니까?

교사와 학생이 상품이 아니라 생명임을 인정하는 사람이라면, 교사와 학생 간에 이루어지는 교육을 대체 불가능한 생명현상으로 보아야 합니다. 이를 대체 가능한 상품 교환 현상으로 착각해서는 안 됩니다.

마찬가지로 학교 현장을 교사라는 노동 상품을 소비하는 곳으로 착각해서는 안 됩니다. 교사를 상품으로 취급하면서 교육 개혁을 하려 한다면, 그 자체가 어불성설語不成說이지요. 상품은 소비될 뿐 개혁하지 않습니다. 설마 상품에 아이를 맡기려는 부모는 없겠지요.

《가르칠 수 있는 용기》를 쓴 파머는 무엇을, 어떻게, 왜 가르치는가보다 더욱 근본적으로 주목할 사항이 누가 가르치는가에 있다고 보았습니다. 그리고 물었습니다. 그렇다면 과연 교사란 누구인가? 우리는 교사를 생명으로 보는가? 대체 가능한 상품으로 보는가?

집에서 키우는 강아지보다 더 예쁘고 비싼(?) 강아지가 있다고 해서 자신이 키우는 강아지를 다른 강아지와 바꾸지 않습니다. 자신의 자식보다 여러 방면에서 뛰어난 남의 자식이 있다고 해서 그 자식과 자기 자식을 바꾸지 않습니다. 왜 그런가요? 생명이기 때문입니다. 생명은 교환이 불가능합니다. 대체 가능한 상품이 아닙니다. 마찬가지로 교사를 대체할 생명은 어디에도 없습니다. 교사보다 더 뛰어나고 정확한 로봇이 발명된다손 치더라도 그 로봇과 교사를 바꿔서는 안 됩니다. 로봇은 상품이지만 교사는 생명이기 때문입니다.

그렇다면 지혜의 교사여, 그대를 대신할 것은 이 세상에 없습니다. 그대를 조롱하는 그 어떤 뛰어난 상품도 그대와는 비교되지 않습니다. 그것은 그대가 다른 상품보다 더 뛰어나서가 아니라, 대체 불가능한 생명이며 그대의 교육이 생명현상이기 때문입니다. 아무리 세상이 교사를 무시해도 교육 현장에서는 존귀한 생명입니다. 그 존귀함을 포기하지 말고, 다른 무엇에도 자신의 역할을 떠넘기지 말고, 오늘도 그대에게 맡겨진 생명을 소중히 돌보십시오.

75.
학생이 힘든 것은

학생이 힘든 것은
너무나 많은 것을 가르치려 했기 때문입니다.
많으면 많을수록 힘들어집니다.

학생들을 다루기 힘든 것은
너무나 많은 것을 요구했기 때문입니다.
많으면 많을수록 힘들어집니다.

학생들이 공부를 포기하는 것은
교사들이 참교육을 포기했기 때문입니다.
그래서 쉬 공부를 포기하는 것입니다.

공부를 포기한 학생 이전에
참교육을 포기한 선생이 있습니다.

왜 배웁니까? 잘 살기 위해서입니다. 앎은 삶의 무늬입니다. 삶이 있기에 앎이 시작되었습니다. 앎은 삶에 복무할 때만 앎이 됩니다.

대한민국 교육의 역사는 100년이 되었습니다. 대한민국 국민의 교육열이 세계 어느 나라보다 강했던 것은 교육의 결과가 삶으로 드러난다고 믿었기 때문입니다. 그래서 논 팔고 소 팔아서 자식을 교육했고, 그렇게 성장한 아이들이 이제는 사회의 기득권층을 형성했습니다. 신분 사회의 차별을 없애고, 평등 사회로 나아갈 가장 좋은 방법은 교육을 통해서라고 모두 믿었습니다.

그런데 이 믿음이 어느 샌가 흔들리기 시작했습니다. 아무리 열심히 공부해도 좋다는 대학에 들어가기가 힘들어졌습니다. 아무리 좋은 대학에 들어가도 취업하기가 힘들어졌습니다. 아무리 좋은 기업에 취업해도 오래 버티기가 힘들어졌습니다. 좋은 성적, 좋은 대학, 좋은 직장의 줄을 연달아 잡은 행운아들도 행운은 일시적일 뿐 언제든지 삶의 터전이 상실된다는 불안감에 사로잡혔습니다.

이 좋은 줄을 잡지 못한 학생들은 더 말해 무엇하겠습니까? 이제는 "열심히 공부하면 성공할 수 있다"는 공식은 무용지물이 되어 버렸습니다. 성공과 신분 상승의 계단 곳곳에 지뢰가 설치되었고, 나사가 빠졌으며, 유리 천장으로 층층이

막혀 버렸습니다. 누가 지뢰를 설치하고, 나사를 빼고, 유리 천장을 만들었을까요? 앎이 삶에 복무하지 못하고, 앎이 삶을 배신했습니다.

사람은 사라지고 돈이 주인이 되었습니다. 꿈은 사라지고 로또와 일확천금의 백일몽白日夢이 정신을 어지럽힙니다. 존재의 평등이 보장되지 못한 곳에서 기회의 평등이란 헛된 구호일 뿐입니다. 지연地緣과 학연學緣을 능가하는 재물연財物緣이 모든 것을 결정하는 새로운 신분 사회가 형성되었습니다.

앎이 삶을 배신하자 이제 아이들은 하나둘씩 포기하기 시작했습니다. 공부를 포기하고, 직업을 포기하고, 연애를 포기하고, 결혼을 포기하고…. 포기 목록은 줄어들지 않고 늘어가고 있습니다. 그 궁극은 꿈을 포기하는 것이고 삶을 포기하는 것이겠지요. 그런데 혹 이 아이들의 포기 이전에 선생의 포기가 있었던 것은 아닐까요? 선생이 참교육을 포기했기 때문에 아이들은 자신의 삶을 포기하기 시작한 것은 아닐까요? 선생의 꿈이 학생이 아니라 다른 것으로 바뀌면서, 아이들 또한 자신의 꿈을 포기한 것 아닐까요? 나는 그 점이 심히 두렵습니다. 앎이 삶으로 녹아들지 못하고, 앎이 삶을 배신하고 있습니다. 그 앎/삶의 모델은 다름 아닌 선생님입니다.

76.
살아 있는 교육

살아 있는 교육은 부드럽고 유연합니다.
죽어 있는 교육은 단단하고 완고합니다.

나뭇가지를 보십시오.
풀을 보십시오.
살아 있는 것들은 부드럽고 유연합니다.
죽어 있는 것들은 마르고 뻣뻣합니다.

죽어 있는 것으로 산 것을 살릴 수 없습니다.
식물이 죽으면 부러지거나 부서집니다.

죽어 있는 것들을 내려놓고
살아 있는 것들을 살리십시오.

정규 교사는 아니지만 작가로 초대되어 학교에 강의하러 갈 때가 있습니다. 그런 특강 시간에는 강당에 아이들을 모아놓기도 하는데, 아이 중 일부는 아예 처음부터 강당 의자에 앉자마자 잠에 빠져듭니다. 지도 교사들이 돌아다니며 아이들을 깨우지만 몇몇 아이들은 막무가내입니다. 그토록 잠에 용맹정진勇猛精進하는 모습을 볼 때 참으로 많은 생각을 하게 됩니다. 아이들만 그런 것은 아닙니다.

교사 연수라고 대형 강의실로 들어가면 아이들보다 더하면 더했지 못하지 않습니다. 우리나라의 교사와 아이들은 참으로 피곤한 삶을 살고 있습니다. 내 강의 탓이기도 하다고 생각하곤 합니다. 그런 경우라면 정말 미안합니다. 강의를 줄여야겠다고 다짐합니다. 시각장애인이 길을 인도할 수 없듯이, 잠든 교사가 잠든 아이들을 가르칠 수는 없습니다.

한편 게임하면서 조는 아이는 본 적이 없습니다. 회식하면서 조는 선생도 못 봤습니다. 키보드를 두드리는 아이, 술잔을 채우는 선생은 생기발랄합니다. 살아 있습니다. 비약飛躍하자면, 교육은 죽었고, 게임과 회식은 살아 있습니다.

비약飛躍이라는 말의 어원은 《시경》의 〈대아〉 '한록' 편에 나오는 구절입니다. "솔개가 하늘 높이 날고 물고기가 연못에서 헤엄친다鳶飛戾天 魚躍于淵."에서 왔습니다. 사자성어로는 '연비어약鳶飛魚躍'이라고 표현합니다. 아무런 걱정 없이 삶을 즐기는 모습이 생생합니다. 왜 솔개와 물고기는 아무런 걱정이 없이 삶을 즐길까요? 갇혀 있지 않기 때문입니다.

만약에 솔개를 새장에 가두고, 물고기를 어항에 가두었다면 이들은 늘 벽에 부딪히고 좁디좁은 공간에서 조바심을 내다가 결국은 죽고 말지도 모릅니다. 《장자》에 나오는 바닷가의 새처럼 아무리 좋은 곳에 가두고 산해진미를 먹인다고 해도 결국 새가 죽고 만 까닭은 "새가 살아가는 방식으로 새를 키운 것이 아니라 사람이 원하는 방식으로 새를 키웠기 때문입니다."

아하, 알겠습니다. 학생도, 선생님도 본래는 생생하게 살아 있는 존재였습니다. 그런데 학교가 그들을 가둔 것입니다. 그들이 살아가야 할 방식으로 학교가 운영되는 것이 아니라, 학교가 원하는 방식으로 그들을 살게 했기 때문에 그들은 깊은 잠에 빠졌던 겁니다.

자, 그렇다면 자연스럽게 결론에 도달하는군요. 학생과 선생이 원하는 방식으로 학교를 바꾸어야겠습니까? 학교가 원하는 방식으로 학생과 선생을 바꾸어야겠습니까?

77.
남는 것은 줄이고 모자란 것은 채우고

참된 가르침은 물이 흐르는 것과 같습니다.
높은 곳에서 흘러 낮은 곳으로 갑니다.
남는 것을 덜어 내어 모자란 부분을 채웁니다.

그런데 학교는 어떻습니까?
경쟁이 넘쳐나고 공존은 부족합니다.
성적을 숭상하고 삶을 해칩니다.

모자란 아이들은 소외시키고
남는 아이들에게 보태 줍니다.
더 필요한 아이들의 것을 빼앗아
충분한 아이들에게 채워 줍니다.

참된 가르침은 어디에 있습니까?

참스승만이 할 수 있습니다.

넘치도록 가르치고도 대가를 바라지 않는 것

힘을 다해 가르치고도 공을 주장하지 않는 것

지혜롭게 가르치고도 지혜를 드러내지 않는 것

참스승이 걷는 참된 가르침의 길입니다.

'강남 8학군'이라는 말은 단순히 교육 행정구역을 의미하지 않습니다. 부자의 교육 도박이 완성된 곳, 입시와 학원의 성지, 학부모의 욕망처를 뜻합니다. 대한민국은 부富만 세습되지 않습니다. 유형의 자본이 무형의 문화 자본으로 녹아들어, 경제 자본을 지배하는 자가 모든 자본을 지배하고 세습합니다. 부익부 빈익빈은 경제 현상이 아닙니다. 교육 현장에도 고스란히 반영되고 있습니다.

이러한 현상이 유지되는 것은 대한민국의 현행 입시제도 때문입니다. 성적과 스펙으로 줄 세우는 입시경쟁 속에서 아이들의 행복이나 민주주의가 자라날 리 없습니다. 김누리는 《우리의 불행은 당연하지 않습니다》해냄, 2020라는 책에서 이러한 대한민국의 교육 현실을 비판하며, 대한민국의 교육은 100년 동안 진정한 교육과는 정반대로 전개되는 반反교육이었다고 말합니다. 김누리는 이처럼 반행복적이고 반민주적인 교육을 일소하려면 무엇보다 일상의 민주주의를 실천해야 한다고 말합니다.

그러면 교육 현장에서 일상의 민주주의를 실천할 최초의 사람은 누구겠습니까? 당연히 교사입니다. 내가 중고등학교 시절에 교육 현장의 민주주의를 주장하며 나섰던 전교조 교사들이 있었습니다. 많은 교사가 교육 현장의 '민족, 민주, 인간화'를 주장하다가 해직되었습니다. 급기야 전교조라는 교사들의 노동조합 단체가 불법화되어 오랜 기간 어둠 속에서 어려움을 겪어야 했습니다. 2020년 9월 3일 대법원 판결에 따라 전교조는 다시 합법화의 길을 걷게 되었습니다. 참으로 오랜 시간이 걸렸습니다. 축하할 만한 일입니다.

그런데 말입니다. 전교조가 합법화되었다고 해서 교육 현장이 나아질까요? 선생님들의 사정이야 나아질지 모르지만, 교육 현장이 나아질지는 미지수입니다. 합법적 노조 운동을 인정받은 노동 현장에서도 비정규직, 파견직, 알바직 등 노동의 하층에서 행복과는 전혀 거리가 먼 노동을 하는 노동자가 넘쳐납니다. 그런 의미에서 '교사 조직의 합법화=아이들의 행복'이란 공식은 현실과 동떨어진 이야기입니다.

민주주의와 행복은 구호가 아니라 현실 속에서 실천해야 합니다. 성적이나 진학과 관계없이 아이들이 차별 없이 자랄 수 있도록, 일상적인 학교생활에서 아이들의 행복 추구와 민주주의적 태도가 현실화할 수 있도록 교사가 앞장서야 합니다. 교사의 사정이 나아질 뿐 아니라 학생들의 사정이 더욱 나아져야 합니다, 학교는 교사를 위하여 존재하는 곳이 아니라 학생을 위해서 존재하는 곳이기 때문입니다.

78.
물처럼 유연하게

참된 가르침은 물과 같습니다.
부드럽고 여리지만
단단하고 강한 것을 제압합니다.
그래서 훌륭한 것입니다.

약한 것이 강한 것을 이기고
부드러운 것은 단단한 것을 이기는 것
누구나 아는 것 같지만
실천하기는 어렵습니다.

참스승은
쉬운 길을 버리고 어려운 길을 택합니다.
당장 효용을 버리고 근본으로 돌아갑니다.
어렵고 돌아가는 것이 멀어 보이지만
그 길이 가장 가까운 길입니다.
이것을 교육의 역설이라 합니다.

노자 철학은 물의 철학입니다. 노자는 《도덕경》에서 자신의 철학적 견해를 대변할 이미지를 만들어 내었습니다. 여성暗雌, 골짜기, 통나무, 갓난아기, 물 등이 노자 철학을 형상화한 것입니다. 이 이미지들의 공통점을 찾으라면, 나약해 보임, 본래의 것, 가장 낮은 것, 날 것 그대로의 생명, 생성 등을 찾을 수 있습니다. 이런 이미지 중에서 단연 많이 등장하는 것이 바로 물입니다.

자연의 물은 직선이 아닙니다. 자연 자체가 직선이 아니고 곡선이기에, 그 곡선을 따라 물이 흐릅니다. 작은 물들이 합쳐져 큰물이 되고, 강이 되고 바다가 되어 가장 낮은 곳으로 흐릅니다. 물은 만나는 것마다 자신을 내줍니다. 만물을 살립니다. 자신의 모습을 고집하지 않습니다. 더러움을 마다하지 않습니다. 모든 것을 받아 줍니다.

인간 문명은 이러한 물을 가두고, 곡선을 직선으로 만들고, 강과 바다를 파헤치고 메우면서 자신의 욕망을 채워 왔습니다. 인간이 물을 이기는 것처럼 자만했습니다. 물은 너무도 약해서 인간에게 순응하는 것처럼 보였습니다.

하지만 물은 절대로 약하지 않습니다. 물은 바위를 뚫고 벽을 부숩니다. 인간이 만들어 놓은 문명을 하루아침에 산산이 무너뜨리고 파괴할 수 있습니다. 인간 문명이 자연을 이기는 것처럼 보이지만, 그것은 인간의 억지 상상일 뿐 결코 자연을 이길 수 없습니다. 자연 중에서도 특히 물은 생명과 직결됩니다. 물은 생명입니다.

노자의 교육학은 바로 이런 생명존중의 교육학이고, 본연의 생명을 잘 키우는 교육학입니다. 물이 인간을 따라야 하는 것이 아니라, 인간이 물을 배워야 합니다. 물이야말로 인간의 진정한 교사입니다.

지혜의 교사여, 물에게 배우십시오. 물을 따르십시오. 약함 속에 있는 진정한 강한 힘을 느끼십시오.

79.
깊은 마음의 상처를 주지 마십시오

깊은 마음의 상처는
쉬 아물지 않고 오래가는 법입니다.
가르침의 도구가 아닙니다.

그러므로 참스승은
학생의 입장에 서고
학생들을 다그치지 말아야 합니다.

참된 스승의 길은
편애가 없습니다.
공정하고 공평하여
마음의 상처가 남지 않습니다.

학창 시절 수많은 선생을 만났지만 지금까지 기억이 나는 선생은 두 부류였습니다. 하나는 나의 가능성을 믿고 위로와 용기를 준 분들, 다른 하나는 터무니없는(?) 이유로 나를 함부로 대한 선생들. 누가 더 선명하게 기억나느냐고 묻는다면 후자라 말할 것입니다. 그들을 생각하면 치가 떨려서 지금도 화가 안 풀릴 정도입니다. 학창 시절 생긴 상처들은 대부분 선생의 화를 학생에게 전가한 것들이었습니다.

그들이 행했던 구타보다 더 잔인한 것은 언어폭력이었습니다. 구타의 상처는 금세 아물지만, 언어폭력으로 인한 모멸감과 수치심은 쉬 사라지지 않습니다. 마음에 새겨지기 때문입니다. 모멸감侮蔑感과 수치심羞恥心의 마지막 한자들이 모두 마음과 관련되어 있습니다. 감정은 쉬 사라진다고 말하지만, 사실 감정이 가장 깊고 오래갑니다.

요즘 교육 현장에서 물리적 폭력은 거의 사라졌지만, 심리적 폭력은 쉬 사라지지 않습니다. 감정을 표시하지 않는 무관심無關心이나 무시無視 또한 심리적 폭력일 경우가 많습니다. 그러한 폭력을 당한 학생의 입장에서 보면 존재론적으로 무화無化되는 경험을 하게 됩니다. 이 세상에 있지만, 사라진 것만 같은 느낌.

아이들은 학교에서, 가정에서, 사회에서 무시당하기 십상입니다. '나라의 기둥'이니, '미래의 꿈나무'니 '가족의 희망'이니 잔뜩 부풀린 언어로 아이들을 힘들게 합니다. 말도 안 되는 이상을 설정해 놓고, 어른의 기대에 미치지 못하면 도리어 화를 냅니다. 설정 자체가 잘못입니다. 잘못된 설정을 기준으로 화를 내서는 안 됩니다. 선생의 기대나 소망을 학생에게 투영하지 마십시오. 학생을 그냥 학생으로 보십시오. 문제 많고 탈 많고 부족한 존재라고 탓하지 마십시오. 문제 삼는 선생이 없다면 문제아는 없습니다. 학생은 문제아가 아니라, 배우며 성장하는 존재입니다. 그게 아니라면 학생學生은 도대체 무엇이란 말입니까?

물론 선생도 학생으로 인해 마음의 상처를 입기도 합니다. 학생에게 무시당한다고 느낄 수도 있습니다. 그렇다 하더라도 선생의 상처를 학생에게 상처로 갚아서는 안 됩니다. 서로의 상처만 깊어질 뿐입니다. 악을 악으로 갚지 마십시오. 악을 선으로 갚으십시오. 불가능한 실천이라고요? 불가능하기 때문에 해 볼 만한 것이라고 생각하면 안 되겠습니까?

80.
작은 학교

학생이 적은 학교
많은 것을 할 수 있지만 필요한 것만 합니다.
학생의 삶을 소중히 여기고
무리해서 가르치지 않고
학생의 삶을 해치는 일은 하지 않습니다.

삶에 필요한 기술을 가르치고
조촐하고 건강한 밥상을 꾸리며
편하고 좋은 것을 입히고
교실을 편안하게 만들어
배움이 즐거워지도록 합니다.

이웃 학교와 경쟁하지도 않고
학생들은 원하는 것을 배워서
평생을 즐겁게 살아가도록 합니다.

학교에 학생이 없습니다. 아마도 단군 이래 처음 겪는 사태일 것입니다. 코로나19로 인해 가장 큰 변화 중 하나가 콘택트에서 언—콘택트로의 전환이 아닐까 싶습니다. 만남과 대면이 주된 생활이었던 학교가 이제 격리와 비대면으로 바뀌었습니다. 이 미증유의 사태를 맞이하여 수업은 아날로그에서 디지털적 환경으로 바꾸고, 선생님은 인터넷 강의와 원격 교육을 시행하였습니다. 교육 분야의 전문가들은 코로나19 이전 교육으로 돌아갈 수도 없고 돌아가서도 안 된다며, 이번 기회에 학교에 디지털 인프라를 구축하고, 원격 교육, 스마트 교육, 미래 교육이 가능한 환경을 만들어, 선진적 교육 방법에 유능한 교육자를 양성해야 한다고 목소리를 높입니다. 용어는 그럴듯하지만 모두 기술주의적 발상입니다.

사람과 교육에 대한 근원적 질문은 생략하고, 기술과 공학의 문제로 환원하려는 태도는 자본주의적 틀에서 조금도 벗어나지 않습니다. 그럴 바에는 아예 학교를 폐지하고, 교육방송을 통해 양질의 교육 서비스를 제공하고, 기존에 들인 교육 예산을 교육 소비자에게 환원하는 것이 자본주의적 해결책일 것입니다.

자본주의적 탐욕이 빚어낸 생태 위기와 코로나19의 전 세계적 확산에 대한 근본적 반성과 그에 따른 근원적 성찰이 필요한 시기입니다. 그 근원적 성찰의 주제는 다름 아닌 야만

적 경쟁과 괴물 같은 입시제도로 인한 교육 붕괴 현상을 타파하고, 교육의 생태적 전환을 위한 중장기적 방향과 실천 지침을 마련하는 지혜입니다.

교육의 본질은 만남과 경험, 배움과 나눔을 몸으로 실험하는 것입니다. 소비적 삶에서 생산적 삶으로 전환하고, 적절한 삶의 규모와 배움의 커리큘럼을 다시금 구성하는 것입니다. 생태 위기를 극복하려면 절약과 절제의 덕목을 삶에서 구현해야 합니다. 에너지를 더 많이 소비하는 플러스 교육이 아니라, 에너지를 절약하는 마이너스 교육이 필요합니다.

81.
노자 교육학

믿음직한 말은 꾸미지 않습니다.
꾸민 말은 믿음직하지 않습니다.
선한 사람은 변명하지 않습니다.
변명하는 사람은 선하지 않습니다.
아는 사람은 아는 체하지 않습니다.
아는 체하는 사람은 알지 못합니다.

참스승은 여한이 없습니다.
모든 것이 알려져도 사라지지 않고
모든 것을 베풀어도 부족함이 없습니다.

자연의 길은 이롭고 해롭지 않습니다.
참스승의 길은 오직 할 뿐 다투지 않습니다.

노자의 교육학은 자연을 닮았습니다. 자연은 계절 따라 변화하고, 자신의 모습을 한탄하지 않습니다. 자신의 처지에서 성장하고 꽃피우고 열매 맺습니다. 제 모습을 자랑하지 않습니다. 들판에 백화만발百花滿發하듯 각기 제 모습대로 자신의 생명력을 뿜어 냅니다. 말없이 흘러가고 말없이 연대하고 말없이 키워 줍니다. 갔던 길 후회하지 않고 가는 길 망설이지 않습니다. 언제 어느 곳에 있든 여한이 없습니다.

자연 속에서 자라난 아이들은 자연과 더불어 성장합니다. 자연을 파괴하지 않고 자연을 친구 삼습니다. 억지로 배우고 성장하는 것이 아니라, 자연스럽게 배우고 성장합니다. 자연이 자신을 아끼어 내주듯, 아이들도 자신의 삶을 아끼고 친구들에게 내줍니다. 대가를 바라지 않습니다. 그저 기뻐서 행할 뿐입니다. 그렇게 아이들은 자연을 닮아갑니다. 삶의 태도가 곧 생태生態입니다. 존재가 생태주의입니다.

많은 것을 바라지 않으니 모자람이 없습니다. 아껴 쓰고 나눠 쓰고 바꿔 씁니다. 소유가 아니라 존재를 즐깁니다. 소유는 존재를 이어가는 매개물일 뿐 삶의 주인 노릇을 하지 않습니다. 즐거이 노동하고 즐거이 휴식합니다. 배고프면 밥 먹고, 졸리면 잠을 잡니다. 행복을 내일로 미루지 않고, 하루하루 즐겁게 지냅니다.

상대방을 이기는 것을 자랑으로 여기지 않고, 상대방과 함

께하는 것에 자부심을 느낍니다. 서로 연결되어 있는 인드라
망 속에서 서로의 목소리를 조율하고 우주의 합창에 동참합
니다. 이 세상에 연결되지 않는 것은 하나도 없음을 알기에
외로워하지 않습니다. 홀로 지내도 푼푼합니다. 상대방을 해
롭게 하지 않으니 상대방도 해롭게 하지 않습니다. 앎조차 자
랑하지 않습니다. 앎은 그저 삶의 모습일 뿐입니다. 자랑하지
않으니 다툼이 없습니다. 오직 할 뿐, 오직 살아갈 뿐!